"十四五"国家重点出版物出版规划项目

军事高科技知识丛书·黎 湘 傅爱国 主编

国家出版基金项目

网络空间与信息攻防

王勇军 苏金树 ★ 主编

Cyberspace and Information Attack and Defense

国防科技大学出版社
·长沙·

图书在版编目（CIP）数据

网络空间与信息攻防 / 王勇军，苏金树主编. -- 长沙：国防科技大学出版社，2024.7. --（军事高科技知识丛书 / 黎湘，傅爱国主编）. -- ISBN 978 - 7 - 5673 - 0657 - 8

Ⅰ. E866

中国国家版本馆 CIP 数据核字第 2024FG3871 号

军事高科技知识丛书

丛书主编：黎 湘 傅爱国

网络空间与信息攻防

WANGLUO KONGJIAN YU XINXI GONGFANG

主　　编：王勇军　苏金树

出版发行：国防科技大学出版社	
责任编辑：廖雪辉	责任美编：张亚婷
责任校对：刘璟珺	责任印制：丁四元
印　　制：长沙市精宏印务有限公司	开　　本：710×1000　1/16
印　　张：13.75	字　　数：203 千字
版　　次：2024 年 7 月第 1 版	印　　次：2024 年 7 月第 1 次
书　　号：ISBN 978 - 7 - 5673 - 0657 - 8	
定　　价：118.00 元	

社　　址：长沙市开福区德雅路 109 号
邮　　编：410073
电　　话：0731 - 87028022
网　　址：https://www.nudt.edu.cn/press/
邮　　箱：nudtpress@ nudt.edu.cn

版权所有　侵权必究

告读者：如发现本书有印装质量问题，请与所购图书销售部门联系调换。

军事高科技知识丛书

主　　　编　黎　湘　傅爱国
副　主　编　吴建军　陈金宝　张　战

编委会

主任委员　　黎　湘　傅爱国
副主任委员　吴建军　陈金宝　张　战　雍成纲
委　　　员　曾　光　屈龙江　毛晓光　刘永祥
　　　　　　孟　兵　赵冬明　江小平　孙明波
　　　　　　王　波　冯海涛　王　雷　张　云
　　　　　　李俭川　何　一　张　鹏　欧阳红军
　　　　　　仲　辉　于慧颖　潘佳磊

总 序

孙子曰："凡战者，以正合，以奇胜。故善出奇者，无穷如天地，不竭如江河。"纵观古今战场，大胆尝试新战法、运用新力量，历来是兵家崇尚的制胜法则。放眼当前世界，全球科技创新空前活跃，以智能化为代表的高新技术快速发展，新军事革命突飞猛进，推动战争形态和作战方式深刻变革。科技已经成为核心战斗力，日益成为未来战场制胜的关键因素。

科技强则国防强，科技兴则军队兴。在人民军队走过壮阔历程、取得伟大成就之时，我们也要清醒地看到，增加新域新质作战力量比重、加快无人智能作战力量发展、统筹网络信息体系建设运用等，日渐成为建设世界一流军队、打赢未来战争的关键所在。唯有依靠科技，才能点燃战斗力跃升的引擎，才能缩小同世界强国在军事实力上的差距，牢牢掌握军事竞争战略主动权。

党的二十大报告明确强调"加快实现高水平科技自立自强""加速科技向战斗力转化",为推动国防和军队现代化指明了方向。国防科技大学坚持以国家和军队重大战略需求为牵引,在超级计算机、卫星导航定位、信息通信、空天科学、气象海洋等领域取得了一系列重大科研成果,有效提高了科技创新对战斗力的贡献率。

站在建校70周年的新起点上,学校恪守"厚德博学、强军兴国"校训,紧盯战争之变、科技之变、对手之变,组织动员百余名专家教授,编纂推出"军事高科技知识丛书",力求以深入浅出、通俗易懂的叙述,系统展示国防科技发展成就和未来前景,以飨心系国防、热爱科技的广大读者。希望作者们的努力能够助力经常性群众性科普教育、全民军事素养科技素养提升,为实现强国梦强军梦贡献力量。

国防科技大学 校　　长 黎　湘

政治委员 徐爱国

院士推荐

杨学军

强军之道，要在得人。当前，新型科技领域创新正引领世界军事潮流，改变战争制胜机理，倒逼人才建设发展。国防和军队现代化建设越来越快，人才先行的战略性紧迫性艰巨性日益显著。

国防科技大学是高素质新型军事人才培养和国防科技自主创新高地。长期以来，大学秉承"厚德博学、强军兴国"校训，坚持立德树人、为战育人，为我军培养造就了以"中国巨型计算机之父"慈云桂、国家最高科学技术奖获得者钱七虎、"中国歼-10之父"宋文骢、中国载人航天工程总设计师周建平、北斗卫星导航系统工程副总设计师谢军等为代表的一茬又一茬科技帅才和领军人物，切实肩负起科技强军、人才强军使命。

今年，正值大学建校70周年，在我军建设世界一流军队、大学奋进建设世界一流高等教育院校的征程中，丛书的出版发行将涵养人才成长沃土，点燃科技报国梦想，帮助更多人打开更加宏阔的前沿科技视野，勾画出更加美好的军队建设前景，源源不断吸引人才投身国防和军队建设，确保强军事业薪火相传、继往开来。

中国科学院院士 杨学军

院士推荐

包为民

近年来，我国国防和军队建设取得了长足进步，国产航母、新型导弹等新式装备广为人知，但国防科技对很多人而言是一个熟悉又陌生的领域。军事工作的神秘色彩、前沿科技的探索性质，让许多人对国防科技望而却步，也把潜在的人才拦在了门外。

作为一名长期奋斗在航天领域的科技工作者，从小我就喜欢从书籍报刊中汲取航空航天等国防科技知识，好奇"在浩瀚的宇宙中，到底存在哪些人类未知的秘密"，驱动着我发奋学习科学文化知识；参加工作后，我又常问自己"我能为国家的国防事业作出哪些贡献"，支撑着我在航天科研道路上奋斗至今。在几十年的科研工作中，我也常常深入大学校园为国防科研事业奔走呼吁，解答国防科技方面的困惑。但个人精力是有限的，迫切需要一个更为高效的方式，吸引更多人加入科技创新时代潮流、投身国防科研事业。

所幸，国防科技大学的同仁们编纂出版了本套丛书，做了我想做却未能做好的事。丛书注重夯实基础、探索未知、谋求引领，为大家理解和探索国防科技提供了一个新的认知视角，将更多人的梦想连接国防科技创新，吸引更多智慧力量向国防科技未知领域进发！

中国科学院院士 尤政

院士推荐

费爱国

站在世界百年未有之大变局的当口，我国重大关键核心技术受制于人的问题越来越受到关注。如何打破国际垄断和技术壁垒，破解网信技术、信息系统、重大装备等"卡脖子"难题牵动国运民心。

在创新不断被强调、技术不断被超越的今天，我国科技发展既面临千载难逢的历史机遇，又面临差距可能被拉大的严峻挑战。实现科技创新高质量发展，不仅要追求"硬科技"的突破，更要关注"软实力"的塑造。事实证明，科技创新从不是一蹴而就，而有赖于基础研究、原始创新等大量积累，更有赖于科普教育的强化、生态环境的构建。唯有坚持软硬兼施，才能推动科技创新可持续发展。

千秋基业，以人为本。作为科技工作者和院校教育者，他们胸怀"国之大者"，研发"兵之重器"，在探索前沿、引领未来的同时，仍能用心编写此套丛书，实属难能可贵。丛书的出版发行，能够帮助广大读者站在巨人的肩膀上汲取智慧和力量，引导更多有志之士一起踏上科学探索之旅，必将激发科技创新的精武豪情，汇聚强军兴国的磅礴力量，为实现我国高水平科技自立自强增添强韧后劲。

中国工程院院士 费爱国

院士推荐

陆建华

当今世界，新一轮技术革命和产业变革突飞猛进，不断向科技创新的广度、深度进军，速度显著加快。科技创新已经成为国际战略博弈的主要战场，围绕科技制高点的竞争空前激烈。近年来，以人工智能、集成电路、量子信息等为代表的尖端和前沿领域迅速发展，引发各领域深刻变革，直接影响未来科技发展走向。

国防科技是国家总体科技水平、综合实力的集中体现，是增强我国国防实力、全面建成世界一流军队、实现中华民族伟大复兴的重要支撑。在国际军事竞争日趋激烈的背景下，深耕国防科技教育的沃土、加快国防科技人才培养、吸引更多人才投身国防科技创新，对于全面推进科技强军战略落地生根、大力提高国防科技自主创新能力、始终将军事发展的主动权牢牢掌握在自己手中意义重大。

丛书的编写团队来自国防科技大学，长期工作在国防科技研究的第一线、最前沿，取得了诸多高、精、尖国防高科技成果，并成功实现了军事应用，为国防和军队现代化作出了卓越业绩和突出贡献。他们拥有丰富的知识积累和实践经验，在阐述国防高科技知识上既系统，又深入，有卓识，也有远见，是普及国防科技知识的重要力量。

相信丛书的出版，将点燃全民学习国防高科技知识的热情，助力全民国防科技素养提升，为科技强军和科技强国目标的实现贡献坚实力量。

中国科学院院士

院士推荐

王怀民

《"十四五"国家科学技术普及发展规划》中指出，要对标新时代国防科普需要，持续提升国防科普能力，更好为国防和军队现代化建设服务，鼓励国防科普作品创作出版，支持建设国防科普传播平台。

国防科技大学是中央军委直属的综合性研究型高等教育院校，是我军高素质新型军事人才培养高地、国防科技自主创新高地。建校 70 年来，国防科技大学着眼服务备战打仗和战略能力建设需求，聚焦国防和军队现代化建设战略问题，坚持贡献主导、自主创新和集智攻关，以应用引导基础研究，以基础研究支撑技术创新，重点开展提升武器装备效能的核心技术、提升体系对抗能力的关键技术、提升战争博弈能力的前沿技术、催生军事变革的重大理论研究，取得了一系列原创性、引领性科技创新成果和战争研究成果，成为国防科技"三化"融合发展的领军者。

值此建校 70 周年之际，国防科技大学发挥办学优势，组织撰写本套丛书，作者全部是相关科研领域的高水平专家学者。他们结合多年教学科研积累，围绕国防教育和军事科普这一主题，运用浅显易懂的文字、丰富多样的图表，全面阐述各专业领域军事高科技的基本科学原理及其军事运用。丛书出版必将激发广大读者对国防科技的兴趣，振奋人人为强国兴军贡献力量的热情。

中国科学院院士

院士推荐

宋君强

习主席强调，科技创新、科学普及是实现创新发展的两翼，要把科学普及放在与科技创新同等重要的位置。《"十四五"国家科学技术普及发展规划》指出，要强化科普价值引领，推动科学普及与科技创新协同发展，持续提升公民科学素质，为实现高水平科技自立自强厚植土壤、夯实根基。

《中华人民共和国科学技术普及法》颁布实施至今已整整21年，科普保障能力持续增强，全民科学素质大幅提升。但随着时代发展和新技术的广泛应用，科普本身的理念、内涵、机制、形式等都发生了重大变化。繁荣科普作品种类、创新科普传播形式、提升科普服务效能，是时代发展的必然趋势，也是科技强军、科技强国的内在需求。

作为军队首个"科普中国"共建基地单位，国防科技大学大力贯彻落实习主席提出的"科技创新、科学普及是实现创新发展的两翼，要把科学普及放在与科技创新同等重要的位置"指示精神,大力加强科学普及工作,汇集学校航空航天、电子科技、计算机科学、控制科学、军事学等优势学科领域的知名专家学者,编写本套丛书,对国防科技重点领域的最新前沿发展和武器装备进行系统全面、通俗易懂的介绍。相信这套丛书的出版,能助力全民军事科普和国防教育,厚植科技强军土壤,夯实人才强军根基。

中国工程院院士

网络空间与信息攻防

主　　编：王勇军　苏金树
编写人员：赵文涛　解培岱　廖东升

前言

随着信息通信技术的飞速发展,尤其是互联网技术的广泛应用,人类以前所未有的广度和深度紧密地联结在一起,网络技术深刻改变了人们的生活和工作方式。传统以计算机网络为基础的网络信息系统,也逐步演化为可影响物理域、信息域、认知域和社会域的网络空间。与此同时,黑客攻击、病毒入侵、隐私泄露、网上有害内容泛滥等各种安全事件不断涌现,网络空间面临严重的安全威胁和挑战。

习近平指出"没有网络安全就没有国家安全",网络空间安全攸关政治安全、经济安全、文化安全、社会安全与国防安全,是涉及国家安全的重大战略问题。尤其在军事领域,网络空间已经成为继陆、海、空、天、电之后的第六维作战空间,也是世界各国军事力量争夺的焦点。网络空间作战与信息攻防是基于网络信息体系联合作战的重要作战形态,在21世纪夺取网络空间的"制网权",与在19世纪夺取制海权、20世纪夺取制空权一样对制胜战场具有决定性意义。

本书以网络空间为国家博弈新疆域、军事斗争新战场,先从总体上介绍网络空间的概念内涵、军事行动种类与典型作战样式，进而从网络防护、网络对抗和网络心理战三个方面论述信息攻防技术体系、关键技术原理，同时，介绍技术发展趋势及相应军事能力的建设重点，最后，系统介绍如何构建军事信息安全保障体系，从操作层面为军队信息化建设的安全发展提供全方位指导，为抵御网络空间威胁、打赢未来信息化战争筑牢安全防线。

  本书可作为了解网络空间作战形态和信息攻防技术的军事高科技科普读物，有助于提升读者网络空间安全意识，引导其严守网络空间安全法律法规的法治红线，养成维护国家网络空间安全的行动自觉。

作 者

2024 年 5 月

目录

第 1 章　网络空间　　1

1.1　网络空间内涵与特点　　1

1.1.1　网络空间的概念内涵　　1
1.1.2　网络空间的四大属性　　2
1.1.3　网络空间的规律特点　　8

1.2　网络空间作战内涵与特点　　9

1.2.1　网络空间作战的概念内涵　　9
1.2.2　网络空间作战的规律特点　　9

1.3　网络空间军事行动　　10

1.3.1　网络空间的军事行动种类　　10
1.3.2　网络空间的六大军事能力　　13

1.4　网络空间典型作战样式　　16

1.4.1　物理摧毁战　　16
1.4.2　网络情报战　　16
1.4.3　电磁阻瘫战　　17

1.4.4	网络阻瘫战	17
1.4.5	设施破袭战	17
1.4.6	网络防御战	18
1.4.7	网电一体战	18
1.4.8	网络心理战	19

1.5　美、俄网络空间发展战略　　　　　　　　　　　　19

1.5.1	美国网络空间发展战略	20
1.5.2	俄罗斯网络空间发展战略	21

第2章　网络防护　　　　　　　　　　　　　　　　　23

2.1　网络防护内涵与概况　　　　　　　　　　　　　　23

2.1.1	网络防护的概念内涵	23
2.1.2	网络防护与信息安全的发展	24
2.1.3	网络防护面临的根本挑战	26
2.1.4	网络防护的地位作用	30

2.2　网络防护技术体系　　　　　　　　　　　　　　　30

2.2.1	信息保障技术框架	31
2.2.2	零信任技术体系架构	33

2.3　网络防护关键技术　　　　　　　　　　　　　　　35

2.3.1	多级跨域网络信任	35
2.3.2	全程全维监测预警	42
2.3.3	多域安全隔离交换	48
2.3.4	敏感信息外泄防控	54
2.3.5	安全事件应急响应	59
2.3.6	高逼真度攻防演练	63

2.4	网络防护技术发展趋势	66
	2.4.1 密码基石作用不断加强	67
	2.4.2 内生安全机制持续深化	68
	2.4.3 人工智能助力数据分析	69
	2.4.4 系统自动攻防崭露头角	69
2.5	网络安全防护体系建设重点	70
	2.5.1 深化自主创新，构建全面可控信息基础设施	71
	2.5.2 夯实共性基础，支撑信息安全保障持续发展	72
	2.5.3 加强等保建设，完善全网安全风险评估机制	73
	2.5.4 建设网络靶场，建立常态网络攻防演练机制	73

第3章　网络对抗　　76

3.1	网络对抗内涵与概况	76
	3.1.1 网络对抗的概念内涵	76
	3.1.2 网络对抗的发展历程	77
3.2	网络攻击实施过程及支撑技术	80
	3.2.1 侦察探测阶段及支撑技术	80
	3.2.2 渗透潜伏阶段及支撑技术	83
	3.2.3 展开攻击阶段及作战应用	85
	3.2.4 典型网络攻击框架	86
3.3	网络攻击典型场景	95
	3.3.1 摆渡攻击	95
	3.3.2 诱骗攻击	96
	3.3.3 钓鱼攻击	97

3.4 网络对抗发展趋势 … 98

3.4.1 高级持续威胁成为网络攻击的常态 … 99
3.4.2 网络对抗武器向自动化智能化快速发展 … 102
3.4.3 网络攻击从信息域拓展到其他域 … 102
3.4.4 网络战成为混合战的重要作战样式 … 104

3.5 美军网络战力量建设 … 105

3.5.1 体制编制建设 … 106
3.5.2 作战方式转变 … 108

第4章 网络心理战 … 110

4.1 网络心理战内涵与概况 … 110

4.1.1 网络心理战的内涵特征 … 111
4.1.2 网络心理战的运作机理 … 112
4.1.3 网络心理战的作战任务 … 115
4.1.4 网络心理战的地位作用 … 116

4.2 网络心理战主要战法 … 118

4.2.1 网络心理宣传 … 118
4.2.2 网络心理威慑 … 120
4.2.3 网络心理欺骗 … 122

4.3 网络心理战装备技术 … 125

4.3.1 网络心理战主要工具 … 125
4.3.2 网络心理战关键技术 … 127

4.4 网络心理战发展趋势与技术表征 … 131

4.4.1 发展趋势 … 131

    4.4.2　技术表征　　　　　　　　　　　　　　　　　　　134

第 5 章　军事信息安全保障　　　　　　　　　　　　　　138

5.1　军事信息安全保障内涵与概况　　　　　　　　　　138

    5.1.1　军事信息安全保障的概念内涵　　　　　　　　138
    5.1.2　军事信息安全保障工作的发展　　　　　　　　140
    5.1.3　军事信息安全保障工作的主要特征　　　　　　140
    5.1.4　军事信息安全保障工作的地位作用　　　　　　141

5.2　军事信息安全保障体系构成　　　　　　　　　　　142

    5.2.1　技术手段层　　　　　　　　　　　　　　　　143
    5.2.2　保障力量层　　　　　　　　　　　　　　　　165
    5.2.3　政策法规层　　　　　　　　　　　　　　　　166
    5.2.4　体系运行层　　　　　　　　　　　　　　　　167

5.3　军事信息安全保障体系建设　　　　　　　　　　　175

    5.3.1　制定信息安全战略与策略　　　　　　　　　　175
    5.3.2　发展信息安全技术　　　　　　　　　　　　　176
    5.3.3　建设信息安全保障力量　　　　　　　　　　　178
    5.3.4　加强信息安全保障法规体系建设　　　　　　　179
    5.3.5　完善信息安全基础设施　　　　　　　　　　　181
    5.3.6　健全信息安全保障领导管理体制　　　　　　　183

5.4　信息安全保障的发展趋势　　　　　　　　　　　　183

    5.4.1　新技术带来新风险、提出新需求　　　　　　　184
    5.4.2　规模升级，向人工智能发展　　　　　　　　　184
    5.4.3　体系化建设、产业化发展　　　　　　　　　　184

参考文献　　　　　　　　　　　　　　　　　　　　　　188

第 1 章
网络空间

信息技术的飞速发展，改变着全球经济形态，改变着人类生活方式，改变着军队作战方式，也使人类社会从工业化时代开始进入信息化时代。网络空间是伴随信息化时代出现，受信息通信技术的推动而形成的网络信息虚拟世界的统称，目前已成为世界各国高度关注的领域。

1.1 网络空间内涵与特点

网络空间是随着网络技术，尤其是互联网技术的飞速发展而产生的新概念，它有自己的特征和规律。当前，物联网、社交网络、云计算等新技术体制的网络及新网络应用模式的兴起，使网络空间的概念内涵发生新的变化。

1.1.1 网络空间的概念内涵

到底什么是网络空间？这是一个正在发展中的概念。美国政府报告中将网络空间定义为由各种信息基础设施组成的彼此依存的网络，包括因特网、电信网、计算机系统和关键行业中的嵌入式处理器及控制器。美军参联会则将网络空间定义为利用电子线路和电磁频谱，经由联网系统和相关物理基础设施进行数据存储、处理和交换的域,强调包含电磁频谱特性。在军事领域,网络对抗和电子对抗是密不可分的两个重要方面,人们往往从军事行动的角度将网络空间和电磁空间作为统一的整体加以考虑,因此又有网电空间的叫法,即网络-电磁空间。本书主要聚焦于网络空间的概念,将电磁空间作为与网络空间相互作用、相互影响的衍生空间。

网络空间是一个人造的新空间,涉及物理设施、信息资源和思维认知,是与陆、海、空、天、电相互交融、同等重要,对人类活动产生革命性影响的第六维空间。对网络空间的理解包含两个层次:第一层次是系统构成,可借用美国政府报告定义,即由各种信息基础设施组成的彼此依存的网络,包括因特网、电信网、计算机系统和关键行业中的嵌入式处理器及控制器;第二层次是系统运行效应,这是更为重要的层次,包括引发跨越物理、逻辑、认知、社会四域的物理效应、逻辑效应和社会网络效应。简单举例来说,用笔记本电脑无线上网,无线网络产生的电磁波就是一种物理效应,利用计算机在线社交网络进行交流,在计算机和网络中传输处理的信息流就是一种逻辑效应,上网的人受网络信息影响,对社会某热点事件产生了认知上的改变并形成群体性的社会舆情,这就是一种社会网络效应。

1.1.2 网络空间的四大属性

网络空间有四个方面的本质属性,包括实体属性、频谱属性、逻辑属性和社会属性。

1. 实体属性

实体属性指网络空间在物理世界里的表现形态,可以分为七大类。

第一类是互联网,指基于互联网技术构建的网络,如单位的内部局域网、美军军事信息内网、因特网或国际互联网。构成这些网络的路由器、交换机、安全设备和计算机系统等都是互联网的物理实体。

第二类是电信网,指支持人类远距离通信的多个电信系统互联的通信体系，如中国三大移动运营商的3G、4G，乃至5G移动通信系统，中国电信的程控交换系统等。构成这些网络的光传输设备、程控交换机、移动通信基站、移动通信主交换节点等都是电信网的物理实体。

第三类是战场网，指将战场上各作战单元联成一个整体，以实现作战信息互通共享、联合作战统一指挥的网络，如数据链、战术通信系统等。构成这些网络的各种型号数据链端机、数据链加注设备、通信车等都是战场网的物理实体。

第四类是空间网，指运行在太空中的设备（包括卫星等各类航天器）为完成各种空间任务而构建的通信网络。这些空间任务系统包括侦察卫星系统、通信卫星系统、航天测控系统、高分辨率对地观测系统等。典型的空间网形态就是卫星组网，如美国太空探索技术公司计划到2024年在太空搭建由约1.2万颗卫星组成的"星链"网络。

第五类是工业控制网络，简称"工控网"，指利用计算机网络、通信技术在自动控制领域构建的局域网，主要用于各类工业设备的数据采集与监控、分布式控制等，是智能交通系统、智能电网系统、自来水控制系统等一系列支撑国计民生的国家关键基础设施的重要组成部分。

第六类是大型网络化信息系统，指由各类网络基础设施承载运行的各类业务系统，如军队指挥控制系统、卫星导航定位系统、雷达探测系统、海洋气象监测系统等。构成这些系统的服务器都是大型网络化信息系统的物理实体。

第七类是支撑上述网络运行的配套设施，如机房、供电设备等。

网络空间面临的针对实体属性的挑战，主要是对手对上述网络、系统的相关设备或辅助设施的火力打击，如使用传统陆、海、空等军事力量摧毁物理设备或设施。网络空间实体属性也可能遭受地震、水灾等自然灾害的破坏。无论是有意破坏还是自然灾害，都需要加以防范。

2. 频谱属性

频谱属性指网络空间表现的电磁频谱特性。主要包括两方面：一方面是利用电磁波工作的无线电台、移动通信网络、电子对抗装备等;另一方面是电子装备运行形成的电磁频谱特性。网络空间频谱属性面临的主要安全威胁有以下三个:

一是作战体系用频装备多,电磁频谱管理和电子协同难度大大增加。因为 70% 以上的战场情报或信息来源于光电探测、电子侦察、无线电导航、敌我识别等电磁频谱感知系统。

二是复杂电磁环境使探测装备性能降低,进而影响情报的准确性,导致信息交换的速率降低,影响联合作战等。例如,数据链、地域网和电台等是战场信息交换的重要手段,必然受到电磁环境的影响,一旦受到电磁干扰,联合作战能力将大大降低。

三是敌方宽频域、全程性、高精度的电子干扰、电子压制、反辐射摧毁等威胁,进一步加大了指挥员作战决策和方案制定的难度。电子干扰可以使侦察预警系统效能大幅下降。

3. 逻辑属性

逻辑属性指网络空间产生、存储、处理和传输信息各环节在数字化世界的表现。网络空间逻辑属性面临的主要问题和挑战来源于端设备,包括大大小小的计算机系统,或者具有信息处理能力的装置。

一是安全漏洞,指端设备存在的可能被恶意利用的程序弱点。就美国国家漏洞数据库公布的年新增漏洞统计情况看,漏洞新增速度趋于稳定,但其中最容易被攻击的漏洞比例呈上升趋势。最危险的是未公开的漏洞,一旦被利用,杀毒软件和防火墙都无能为力,只能事后采取紧急修补措施。

二是恶意软件,指未经允许而渗透和破坏计算机系统的软件,包括计算机病毒、间谍软件等。据微软公司统计,非正版软件恶意软件感染率为 80%。

三是僵尸网络,指网络上受黑客集中控制的一群计算机,往往被用于发起大规模的网络攻击,如散播网络病毒、发动阻瘫攻击、产生垃圾信息、窃取主机信息等。自 1999 年首次出现后,僵尸网络发展速度极快,危害巨大。2010 年以来,僵尸网络的技术又有提升,利用域名系统、点对点、超文本协议等传播手段，行为更隐蔽，更难防治。

四是明暗间谍，指厂家将发布的信息系统作为"间谍"，从事信息收集和系统控制等活动。形式可分为三类：第一类是厂家的远程维护接口；第二类是没有告诉客户而故意留下后门；第三类是明确告诉客户进行信息收集的软件，典型的如各类智能手机的免费软件。

逻辑属性带来的挑战颠覆了传统的技术转让与技术封锁的概念。传统上，为了防止对手掌握技术和装备，往往采用技术封锁的方式，就像美国不会向我国出售F-22隐身战机。但是在经济全球化的大背景下，为了掌握制网权，这种思维被彻底改变了。兰德公司专家指出，"衡量一个国家是否具有制网权，最重要的指标是市场份额。希望支配技术的国家应该愿意出卖技术，以占据卖家优势"。卖家掌握着系统的核心技术，就等于掌握着设计和修改的绝对控制权。即使是隔离的网络，只要找到接入的机会，就可以长驱直入，无论是直接修改买家的系统配置，还是瘫痪买家的系统，都易如反掌。如微软公司的Windows是端系统主流操作系统，在"黑屏事件"中，该公司宣布停止朝鲜、伊朗、古巴等五国的网络即时通信服务等，实际上就是绝对控制权的表现。在美国连续举行的三次国家网络空间演习活动中，微软等大公司都是重要的参与者。当前，大国竞争进一步加剧，美国为了打压他国的强势崛起，对芯片等高端信息技术产品实行禁运，出现了反经济全球化的逆流，但由技术优势和市场优势带来的美国在全球的网络控制优势已经形成。

- 经典案例

― SolarWinds供应链攻击事件 ―

2020年12月曝光的SolarWinds供应链攻击事件是网络安全行业的重大事件。

SolarWinds是一款分布式网络性能监控系统，客户超过300 000个。其中包括：超过425家入榜《财富》的美国500强企业、美国十大电信公司、美国军方的5个部门、美国五大会计师事务所，以及美国五角大楼、国务院、国家安全局、司法部、白宫。FireEye 于 2020 年 12 月初公开披露了一个大型、复杂的网络供应链攻击，即 SolarWinds 产品于 2020 年 3 月左右被攻击者植入后门，受到了严重的供应链攻击。

据官方报告描述，SolarWinds 软件在 2020 年 2 月至 6 月期间发布的版本均受到供应链攻击的影响。攻击者在 2019.4 到 2020.2.1 版本中，植入了恶意的后门应用程序。这些程序利用 SolarWinds 的数字证书绕过验证，并在休眠 2 周左右后会合第三方通信，根据返回的指令执行操作，包括传输文件、执行文件、重启系统等。

俄罗斯安全厂商卡巴斯基的研究人员对有多少工业组织使用后门版本的 SolarWinds 并成为受害者进行了研究。结果显示，受害者的地理位置几乎覆盖了整个世界。

4. 社会属性

社会属性指网络空间为人类提供的新型通信社交手段，人类通过网络了解和理解知识，利用网络共享数据和知识，开展工作、生活和社会活动等。在网络空间中，人类本身以虚拟身份出现，活动一般表现为虚拟身份行为。虚拟身份可以是手机号码、电子邮件地址和计算机 IP 地址等。在线社交网络是社会属性的典型表现，国内流行的有腾讯公司的微信、QQ，新浪微博，阿里巴巴的淘宝、视频网站优酷等，国外有 Meta（即 Facebook，脸书）、推特（Twitter）以及谷歌的视频网站油管（YouTube）等。

早在 1983 年，托夫勒在《预测与前提》中说道："信息与权力并进，和政治息息相关。随着我们进入信息政治时代，这种关系会越来越深。"社交网络的出现，彻底改变了政治经济的结构，与传统媒体信息平台相比，社交网络具有多元复杂、即时互动、传播无界和隐蔽难控等特点，参与主体多样复杂，内容数量庞大，传播速度极快，波及范围极广，成为影响社会政治经济结构和国家安全的新兴力量。

肯尼迪被誉为"电视总统",而奥巴马则是"互联网总统",是玩转社交网络的高手和最大受益者。特朗普就更可以称为"Twitter 总统",在竞选期间,利用 Twitter 吸引选民;上台后,更是利用 Twitter 治国,很多重要的决定,特朗普会在 Twitter 上优先宣布。

当然,水能载舟,亦能覆舟。美国利用互联网的社会属性不仅曾影响改变了中东地区的政治社会,其自身也受到极大冲击。2017 年底,美国国家安全局、网络司令部、中央情报局、联邦调查局和国土安全部正式向美国国会提交报告,指出俄罗斯黑客利用互联网干扰了美国 2016 年的大选。同时,特朗普也采用了不光彩的手段,利用社交网络大数据分析技术助力其竞选活动。

为了应对网络空间社会属性的复杂威胁,需要利用大数据技术对互联网舆情态势进行感知、取证和综合情报分析,而网民每次上网留下的相关信息都会成为大数据分析的数据来源。

· 经典案例

― 剑桥分析事件 ―

随着人工智能、大数据分析技术的快速发展,互联网数据也愈来愈多地被用于政治操纵。2018 年 3 月 17 日,英国《观察家报》曝光了剑桥分析未经授权访问 5 000 万份 Facebook 个人资料,进而通过数据分析有针对性地影响选民,从而协助特朗普赢得 2016 年美国总统大选。同一天,《纽约时报》亦详细报道了剑桥分析在特朗普竞选中的作用,一时间舆论哗然。

剑桥分析成立于 2013 年,主要从事选举事务。该公司开发了依托于 Facebook 平台的性格测试应用"this is your digital life",对 Facebook 用户进行数据搜集。在获得了多达 5 000 万 Facebook 用户的相关数据后,将这些用户数据用于建立心理模型,分析并预测用户的个人性格、政治立场等。

该公司利用大数据帮助特朗普竞选团队了解美国社会的舆论走向,以助筹划政治选举宣传。通过发布虚假信息等手段,实施个性化、可调整的宣传策略及行动。据统计,特朗普竞选团队每天投放 4 万~5 万条内容略有差异的广告，然后对用户反馈进行评估，并根据这些反馈对投放内容进行相应分类和调整。这些大数据分析技术支撑下的针对性竞选宣传，成为特朗普2016年赢得大选的重要推手。

1.1.3 网络空间的规律特点

网络空间的技术和产品发展有其特殊规律。例如，摩尔定律——集成电路规模每隔18~24个月翻一番；吉尔德定律——网络带宽每6个月翻一番；梅特卡夫定律——网络的价值与联网的用户数的平方成正比；小世界定律——任何两个节点间的距离平均为6跳。有专家将网络空间的规律特点总结为指数发展、数字进步和组合创新。这些规律不是技术定律，而是一种"技术经济现象"。四大定律推动信息产品的性能呈指数提升，信息量和信息处理系统的规模爆炸式膨胀。具体来说，网络空间内部结构具有如下三个特点：

一是网络空间结构扁平化。网络空间技术的发展，使得信息传递速度变得更加快捷、信息处理能力变得更加强大，因此可以减少管理层次。托马斯·弗里德曼在《世界是平的——21世纪简史》中提出"世界是平的"理论，其理论基础是网络技术的出现使得个人作用得到充分发挥。网络技术的发展，大大改变了一些社会规则。例如，传统上由国家和大公司垄断传媒领域的局面被打破，现在自媒体非常发达，每个人都可以参与传播。

二是网络空间结构不均衡。网络信息体系由许多节点构成，每个节点的作用是不一样的，起关键作用的节点是关键节点。网络空间的脆弱点，往往成为整个军事作战体系的脆弱点。例如互联网的域名系统、网络的目录服务系统、军用骨干网络的核心路由器等都是关键节点。

三是网络空间具有级联结构特点，具有级联效应。网络空间中脆弱节点出现问题，不仅影响节点本身或者相关节点，而且可能诱发雪崩效应，也称为级联失效反应。这种连锁反应的起源可能是一个很小的问题。这是由于网络空间具有极大复杂性，可能隐藏许多意想不到的情况。

1.2 网络空间作战内涵与特点

1.2.1 网络空间作战的概念内涵

从军事作战的角度看，网络空间将传统军事对抗中陆、海、空、天、电五维空间延伸到第六维，信息化作战的主战场也由传统的计算机网络逐步演进为深刻影响物理域、信息域、认知域和社会域的网络空间。网络空间作战就是指在网络空间开展的信息攻防对抗活动，其目标有二：一是保障己方网络信息体系的网络空间安全，破坏敌方网络信息体系的网络空间安全，例如，直接破坏敌方的网络基础设施；二是获取网络信息体系的制信息权，通过网络空间夺取其他传统空间的胜利，例如，渗透敌方网络获取重要作战情报，及时调整作战计划并赢得某场战役的胜利。

既然在军事战场上的敌我双方都是围绕网络空间安全开展攻防和对抗，那么究竟什么是网络空间安全呢？我国网络空间安全领域著名学者方滨兴院士认为，网络空间安全涉及网络空间中电磁设备、电子信息系统、运行数据、系统应用中存在的安全问题，既要防止包括互联网、电信网、广电网、物联网、工控网、在线社交网络、计算系统、通信系统、控制系统在内的信息通信技术系统及其所承载的数据受到损害，也要防止对这些信息通信技术系统的运用（滥用）所引发的政治安全、经济安全、文化安全、社会安全与国防安全问题。可以看出，网络空间安全的问题不仅仅是信息通信技术系统（也就是各类网络信息系统）自身安全的问题，还会影响到其他领域，也就是从网络空间运行效应的角度看，其逻辑域的安全跨域影响到了物理域、信息域、认知域、社会域的安全。

1.2.2 网络空间作战的规律特点

网络空间作战一般在国际互联网、军事信息网络两个战场展开。和传统作战空间作战相比，网络空间作战有以下规律特点：

一是从支撑技术看，无论是民用的国际互联网，还是军用的军事信息网络，网络空间的构建依赖的是通用的信息通信技术，网络空间作战信息攻防技术也具有军民通用的特点。

二是从武器形态看，网络空间利用的是数字武器，以软杀伤手段达到兵不血刃的作战效果。

三是从战场态势看，网络空间信息攻防瞬间完成，作战形势瞬息万变。

四是从作战样式看，由于网络空间中军事信息系统与民用基础设施深度交织、相互渗透，围绕着网络空间的利用与反利用、威慑与反威慑、控制与反控制的军事对抗超越传统军事较量中前线与后方、战时和平时的概念，催生出与传统作战完全不同的样式。

五是从人技关系看，网络空间信息攻防尤其依靠人的因素，由于网络信息技术十分活跃，网络空间作战的相关技术、装备必须与人紧密结合，才能快速发展、有效应用。因此，在信息安全领域，一直有"三分技术、七分管理"的说法，这里的管理主要指安全管理、人员素质等方面的作用。方滨兴院士在阐述网络空间安全概念的时候，还指出为了避免或缓解网络空间安全带来的各类风险，需要采取法律、管理、技术、自律等综合手段，以保障网络空间的安全属性。这也揭示了网络空间作战中人与技术紧耦合的规律特点，说明在该领域中人才培养的重要性。

1.3　网络空间军事行动

1.3.1　网络空间的军事行动种类

网络空间给军事指挥带来很大变化，以前面对的是陆、海、空、天等自然存在的物理世界，现在增加了网络空间这个虚拟世界。网络空间不仅是一个新的作战领域,还会改变物理世界,例如通过计算机软件破坏核电站、地铁等。在美军的战略规划和作战条令文件中,都重复强调"在网络空间"或者"通过网络空间"对现实物理世界的破坏作用。

网络空间军事行动主要围绕建立网络空间、掌控网络空间和运用网络空间展开。

1. 建立网络空间

建立网络空间,实际上就是构建网络空间的实体属性、频谱属性、逻辑属性和社会属性。建立实体属性,就是根据作战需求和实际条件,规划各类网络设备安装的场地,规划时要考虑防止对手破坏,对于极其重要的设施,还需要考虑防止定向能攻击;建立频谱属性,就是根据作战需求,进行电磁频谱的分配、实施、监测等管理;建立逻辑属性,就是在硬件设备的基础上,安装配置各种软件系统,使得网络能够按照用户需求运行;建立社会属性,就是考虑应用需求,对网络进行一定的应用部署和网络管理控制。

• 经典案例

— 美空军执行网络空间基础设施构建任务 —

2007年,为了支持"持久自由"行动,美空军第三作战通信小组被派遣到阿富汗建立网络空间基础设施。该行动旨在为阿富汗内政部建立企业网,提供电子邮件、远程视频会议、网络语音服务。基础设施部署在国家警察协调中心、6个区域协调中心、喀布尔12栋总部大楼、38个省级指挥中心、200多个医疗和消防站等。同时,第三作战通信小组为内政部计算机提供防病毒能力,以及为技术人员提供用于防止网络攻击的平台。

2. 掌控网络空间

掌控网络空间,主要从四个方面进行:一是在实体属性层面,采用武装力量保护基础设施,防止物理攻击(含定向能攻击);二是在电磁频谱属性层面，采用电磁防护手段保护电磁频谱，防止对手攻击无线网络；三是在逻辑属性层面，通过数据和代码保护数字数据，防止数字攻击；四是在社会属性层面，采用影响保护手段，防止对手影响我方人员的思想等。

• 知识延伸

– 美陆军认为掌控网络空间仍存在一系列问题 –

在美陆军2010年2月发行的《网络空间作战行动概念能力计划（2016—2028）》中，美陆军认为有些工作是比较有效的，例如可以训练陆军战士和公民，为指挥官提供具备合适知识和技能的人员，有效开展网络空间军事行动，特别是网络空间运行维护等。但是，缺乏全盘视野、概念或者条令，缺乏指导适应作战环境变化和军事行动的可操作方案，也缺乏从条令、组织、训练、人员和设施等方面开展的全方位深入分析，从而无法明确网络空间军事行动要求，不能指导能力发展与管理。美陆军也没有足够的研究、开发、测试和评估经费来支撑当前和未来的网络空间军事行动。美陆军存在的问题是不能有效识别、发现、攻击并战胜不断发展的网络威胁，也不能消除网络上不断增加的漏洞，从而无法保证在网络空间冲突中取胜。

3. 运用网络空间

运用网络空间，就是在典型作战流程，即"观察—判断—决策—行动"的每个环节，充分利用网络空间为作战服务。一是观察、侦察与感知，通过传感器感知外部世界；二是判断，通过数据集成与数据融合形成战场态势；三是决策，各作战中心通过网络共同决策如何行动；四是军事行动，根据共同决策的结果采取联合军事行动。

与此相对应，网络空间中的对抗也是围绕上述要素进行：一是在观测与感知过程中干扰传感器的工作；二是在数据集成过程中修改或者阻断数据，从而使之无法形成完整的态势，甚至形成错误的态势；三是削弱对方的协作能力，破坏对方网络铰链；四是降低对方军事行动联合的程度。

• **知识延伸**

―― 美空军如何认识网络空间的运用 ――

美空军在 2012 年 7 月发行的《网络空间作战条令》（AFDP 2-12）中阐述设计网络空间军事行动时，认为传统的"观察—判断—决策—行动"循环依然成立，但从执行到产生效果的时间变成了毫秒级。对于正在进行中的军事行动，战略级作战计划时间非常急促，因为网络空间军事行动可能同时在战略、战役和战术三个层次，陆、海、空、天多个域产生作用。计划者必须向政府各个组织与联盟国家的合适情报部门和目标组织提供计划，并接受反馈。网络空间的独特性和快速性，要求具备及时响应态势快速变化的能力。

1.3.2 网络空间的六大军事能力

网络空间包括运行维护、态势感知、安全防御、作战对抗、影响控制和技术支援六大军事能力。

1. 运行维护能力

网络空间的运行维护是网络空间军事能力的重要组成部分，指构建、运行、管理和维护相关设施，包括网络基础设施、核心资源以及其他特定资源。

网络空间运行维护的主要内容有两个：一是网络空间实体管理，包括为了保障网络空间有效运行，对所有实体进行管理的政策、技术和流程；二是网络空间内容管理的技术、程序和政策，包括自动感知相关信息、自动访问新信息或更新信息，及时并高效可靠地按可用格式进行信息分发。

2. 态势感知能力

传统作战中与态势感知对应的是侦察，侦察主要是了解敌方的信息。由于网络空间的高度复杂性,既需要侦察对方,也需要感知我方和友方,因此用态势感知比侦察更加恰当。态势感知是指实时掌握友方、敌方和其他相关方在网络空间活动的信息。网络空间态势感知是在侦察的基础上,进行多方信息的融合和理解,强调网络空间、电磁频谱和人工情报等相结合,既可由某军种单独获得,也可通过军种联合行动,或者与地方政府或企业合作获得。

网络空间态势感知的主要内容包括:一是掌握网络空间中友方、敌方及相关方的活动;二是评估友方网络空间能力;三是评估敌方网络空间能力和意图;四是评估友方和敌方网络空间的脆弱性;五是评估经过网络的信息流,包括其目的和关键程度;六是掌握友方和敌方网络空间性能下降效果及其对作战任务的影响;七是有效制定和执行网络空间作战规划。

3. 安全防御能力

网络空间的安全防御是指对网络空间内所有基础设施进行保护,是网络空间军事能力的关键组成部分。

网络空间安全防御的主要内容包括:一是网络空间防护,指统筹利用信息保障、计算机网络防御(包括响应行动)、关键基础设施保护以及各种支撑能力,预防、发现并响应潜在对手操纵或瘫痪我方信息和基础设施的企图;二是动态网络空间防御,指综合利用政策、情报、传感器对恶意活动进行确认和分析,执行预先批准的响应行动,在攻击可能造成破坏之前将其挫败。动态网络空间防御遵循深度防御等防御原则,并尽可能地采取进攻行动,应对各种网络威胁。这些行动包括对潜在的对手进行早期预警的监视与侦察等。动态网络空间防御与网络空间防护是一体的,它们共同作用以实现深度防御。

4. 作战对抗能力

网络空间的作战对抗是指在网络空间军事行动中,将网络空间力量扩展到对方网络空间,以发现、威慑、挫败对手的网络空间行动。网络空间作战的目标包括计算机、电信网络,以及嵌入装备、系统和基础设施中的处理器和控制器等。

网络空间作战对抗主要有两个方面：一是针对网络空间的攻击，统筹运用计算机网络攻击、电子攻击和物理攻击等其他支撑能力，瘫痪或控制对手的信息与基础设施；二是利用网络空间行动，统筹利用计算机网络和电子战支援、信号情报等其他支撑能力，进行情报收集和其他活动。

5. 影响控制能力

网络空间的影响控制是指避免网络空间的社会属性受外部势力控制、篡改或者破坏，使之有利于网络空间的所有者。为了达到此目的，需要投入巨大的人力和财力。因特网舆情控制是最常见的影响控制，通过准确掌握因特网舆情，及时发布事件正确信息，保障正常舆论监督，必要时通过一定的干预，确保舆论不受敌对势力控制。

舆情控制是一项非战争军事行动。战争时期，敌对势力可能通过间谍或者利用间谍工具等进入对方军事网络，利用军事网络进行舆论宣传，进而给关注者造成心理影响，甚至篡改军事网络上的指控数据、情报数据等，从而导致指挥员使用错误信息做出错误决策。

6. 技术支援能力

网络空间的技术支援是指为支持网络空间运行和作战行动所开展的技术保障活动。这一活动需要很高的技能，具有时间敏感、技术密集度高等特征，需要从政策、程序、技术等方面开展专业训练，需要协调同步，解决合法性和可操作性问题。网络空间技术支援活动往往涉及多个部门，如情报、行政执法、作战对抗和运行维护等，利益攸关者也很多，但其目的、条件、权利和参与程度不同。

信息化使得军队更加集中、指挥更加便捷，但需要更多的技术支援力量，保障网络空间基础设施安全、可靠地运行，以履行作战使命。美军将信息化作战称为"牙齿和尾巴"，前方精干的小型部队是"牙齿"，后方庞大的专家和技术保障队伍是"尾巴"，保障各种通信卫星、海底和地下光缆、路由器、交换机、计算机等网络空间基础设施的正常运行和辅助决策。伊拉克战争时期，前方直接交火的部队不多，但后方力量庞大。无人机驾驶员可以远在千里外，操纵无人机进行侦察和轰炸任务。高度依赖网络空间开展信息化作战，实际上是体系作战的重要表现形式。

1.4 网络空间典型作战样式

按照作战目的的维度进行划分，网络空间典型作战样式有：物理摧毁战、网络情报战、电磁阻瘫战、网络阻瘫战、设施破袭战、网络防御战、网电一体战和网络心理战等。其中，电磁阻瘫战、网电一体战和电磁空间电子战紧密相关，严格意义上来看，电磁阻瘫战不属于网络空间作战，但从物理域效应上看，其也能对网络空间物理实体实施打击。

1.4.1 物理摧毁战

物理摧毁战的基本机理是摧毁网络空间的实体属性，例如光缆、电缆、基站、计算机系统及其他网络设备等，使网络空间无法正常运行，无法提供正常的服务，或者服务能力受到极大影响。物理摧毁战实际上是传统的破坏对方通信设施行动的全面升级，但对象更加广泛、目标更加多样，可以使用传统火力打击，也可使用高功率微波武器等新型武器。另外，自然灾害也可以归为物理摧毁手段。

1.4.2 网络情报战

网络情报战的基本机理是利用网络空间频谱属性，截获对方网络空间信号，或者利用网络空间逻辑属性，进入对方网络空间，获取相关数据和信息，再结合其他渠道信息，经过综合分析，形成相关情报。

1.4.3 电磁阻瘫战

电磁阻瘫战是指在目标区域发射比目标系统更强的电磁干扰信号，导致目标系统虽然可以发送和接收正常的电磁信号，但由于正常的电磁信号淹没在更强的干扰信号中，因此其他系统无法甄别出该系统的信号，从而达到电磁干扰或者封锁的目的。

1.4.4 网络阻瘫战

网络阻瘫战的基本机理是利用目标系统的漏洞使系统崩溃瘫痪，或者向目标系统发送大量数据，导致目标系统无法正常发送与接收逻辑数据。后者的典型实现方法是通过僵尸网络调动网络上大量的计算机同时访问目标计算机系统，导致目标计算机系统因访问流量超过设计能力而无法提供正常服务。

1.4.5 设施破袭战

设施破袭战的基本机理是通过网络空间逻辑属性来改变对物理设施的控制程序，导致物理设施遭到破坏。伊朗"震网"蠕虫事件属于故意改变。有时无意改变也会出现类似问题，如北美大停电事件。

• 经典案例

─ 美国科洛尼尔管道运输公司勒索事件 ─

2021年5月7日，黑客勒索团伙DarkSide对美国科洛尼尔管道运输公司展开了网络攻击，通过攻击控守燃油运输管道网络来劫持燃油运输，从而展开对其的勒索。科洛尼尔支付了近500万美元赎金后，黑客勒索团伙DarkSide才提供解密工具，但是其解密速度缓慢，直到5月12日网络才恢复正常运营，造成了巨大的经济损失和社会不良影响。

科洛尼尔的主要业务是通过管道把成品油从得克萨斯州输往美国东部和

南部市场，运营有 5 500 英里（1 英里＝1.609 千米）油品管道，每日输送 1 亿加仑（1 加仑≈3.785 升）油品。

黑客勒索团伙 DarkSide 一直在对不同组织下手，包括制造业、法律、保险、医疗保健和能源部门。DarkSide 的勒索软件针对"勒索软件即服务"（RaaS）客户。这种网络犯罪的方法现在相当流行，因为只需要一个核心团队来开发恶意软件，RaaS 就可以通过订阅的方式向犯罪分子提供勒索软件。另外，当支付赎金时，创作者会收到一部分利润。作为交换，开发人员不断改进他们的恶意软件产品。

1.4.6 网络防御战

网络防御战的基本机理是尽力阻止病毒、木马等恶意软件入侵目标系统，及时发现并清除目标系统可能存在的病毒、木马等内部隐患，阻止针对目标系统的攻击，做好应急准备，当目标系统遭受攻击时，能够及时恢复。

1.4.7 网电一体战

网电一体战的基本机理是根据掌握的目标系统的情报进行综合分析，确定如何分步骤应用电子干扰、电磁压制等电子战手段，以及信息欺骗、网络控制等网络战手段攻击目标。

• 经典案例

— "北方利刃-21"联合演习 —

2021 年 5 月 3 日至 14 日，美军在"北方利刃-21"联合演习中验证了将电磁战与网络战融合的"新网络空间战"。这是美军自 2018 年 1 月发布《TP 525-8-6 美陆军赛博空间与电子战作战概念 2025—2040》以来，第一次将电磁作战与信息网络空间联合起来的实战演练，标志着美军"新网络空间战"

正式进入实战领域。

美国空军第422测试与评估中队,完成了在F-35战斗机部署新的作战飞行程序——Suite30P06。在演习中,作战测试人员评估了该软件在现实威胁环境中的性能。第422测试与评估中队在"北方利刃-21"进行的战术改进建议试验包括对F-35进行辐射控制,将F-35的辐射降至最低以更逼近对手,同时测试了四代机与五代机的电子攻击战术、技术和程序。

第556测试与评估中队操作MQ-9"死神"无人机,对新的吊舱进行了试验,包括加固的目标瞄准吊舱以及"死神"防御电子支援系统吊舱。

根据美军2021年网络空间战发展规划,计划利用电子和电磁频谱,通过信息通信技术构成的跨域异构网络,在全域全维下遂行泛网络空间作战。传统的网络空间战主要在互联网实施虚拟空间作战,信号网络层面的电子对抗则隶属于电子战范畴。"新网络空间战"整合虚拟空间的网络攻防与物理空间的电子对抗,从信号载体与信息流体两方面,统筹指导电磁、网络部队建设。

1.4.8 网络心理战

网络心理战的基本机理是以计算机网络为信息传播载体,特别是在国际互联网上的各种媒体网站、在线社交网络中,通过无中生有或者恣意放大消息,伪造事件"真相"、制造假民意,影响网民的思想意志,对社会不满情绪推波助澜,导致社会发生冲突,甚至政府被推翻;也可以通过潜入军网,伪造假情报、假命令,影响官兵的作战决心、意志和信心,从而改变战场形势。

1.5 美、俄网络空间发展战略

美、俄网络空间发展战略各有特点,美国凭借技术优势和军事优势,采取高调的发展模式,最早宣布将网络空间作为一个新作战域,并配套出台了一系列总统令，以及国家、军队政策和作战条令。俄罗斯有自己的国情和信息化特点，以及对网络空间的认识，网络空间发展战略有其自身的特点。

1.5.1 美国网络空间发展战略

美国不仅是军事强国，也是信息技术强国。通过长期建设，美军已经建立了完整的支撑其网络中心战作战理念的信息基础设施。美军全球网络分布在数十个国家、上百个基地，有1.5万个网络、700多万台计算机，由9万多全职人员维护。

美国国防部认为，信息技术已经从一种提高办公效率的管理工具变成国家的战略资产。信息技术虽给美国带来重大优势，但由于对其依赖颇深，也使潜在的对手可以获得美国能力和行动的重要情报，从而削弱美国传统武装部队的能力，干扰美国经济的发展。

为此，美国高度重视网络空间发展趋势和对策研究，其发展战略主要体现为以下三方面。

1. 重视研判技术发展走向

早在1991年，期刊《科学美国人》出版专辑，讨论如何在网络空间工作、生活，并重点研讨与网络空间紧密关联的通信技术、网络技术和计算机技术的发展趋势。兰德公司早在1995年发布《网络空间战争正在来临》报告，认为工业时代的战略战是核战争，而信息时代的战略战是网络空间战争。

2. 重视政策法规成套建设

国内政策法规上，美国通过一系列总统令、政府规定等，要求政府、军队等领域开展自纠自查，加强网络空间运行维护建设，提升安全防护能力等。国际政策上，美国发布网络空间国际战略，进行绝密的网络空间战争授权。奥巴马上台前，美国智库提交网络空间安全形势分析评估报告，提出如何避免网络空间安全方面的失误，将是新一届政府面临的最迫切的国家安全问题。奥巴马在任期内进行了一系列深具影响的网络空间政策法规建设。

2018年9月20日，特朗普发布了《国家网络战略》。该报告放宽了使用数字武器保护国家的规定，允许军方和其他机构开展网络空间行动。该报告的出台意味着美国将在网络空间进行"威慑"，采取"进攻性行动"等强硬举措，必然成为全球网络空间博弈的催化剂。

3. 组建网络空间指挥机构与作战力量

2009年6月23日，美国国防部部长罗伯特·盖茨正式宣布成立美国网络司令部，以统领美军网络空间行动、提高网络空间作战指挥能力。网络司令部接受战略司令部管辖。

2018年5月，美国网络司令部升级为一级联合作战司令部，与中央战区、南方战区、印度洋－太平洋战区、北方战区、欧洲战区、非洲战区等司令部，以及战略司令部、特种作战司令部和运输司令部三大职能司令部并级，成为第十个直接隶属于国防部的司令部。网络司令部既是一个职能司令部，又是一个特殊的"战区"司令部，推动美军网络空间作战力量进入标准化发展的快车道，网络空间作战杀伤力正在迅速形成并向实战运用转化。

特朗普政府时期，美国制造了中美贸易冲突。拜登政府时期，逐步发展到中美科技对抗。2021年通过《2021年美国创新与竞争法案》，包含《无尽前沿法案》。所谓《无尽前沿法案》，就是沿用冷战时期类似提案的名字。二战结束后，美国为了在冷战时期，尽快在美苏竞争中占领科技高地，由美国国家科学研究发展委员会根据总统要求提出报告《科学：无尽的前沿》。《2021年美国创新与竞争法案》的目的，一方面是加强美国高科技投资，另一方面是遏制中国科技发展。网络空间作为一个发展迅猛的新兴领域，也是中美科技竞争最激烈的领域。

1.5.2　俄罗斯网络空间发展战略

俄罗斯一直关注信息安全问题，他们认为用"信息空间"一词更能准确对应西方提出的赛博空间（Cyberspace），信息空间主要指与信息形成、信息创造、信息转换、信息传输、信息使用和信息存储相关的，对信息基础设施和信息发挥影响的活动领域。

俄罗斯采取的重大对策是在重要军事、政府等部门采用自主研发系统；在舆情控制上利用互联网、电视等媒体对抗西方的不实报道或者有意攻击；在国际政策上，组织权威的部门开展研究，并统一协调在联合国、上海合作组织，以及非官方组织的对外意愿沟通、技术交流等。

为了对等回应 2018 年 9 月美国特朗普政府出台的《国家网络战略》，2019 年 5 月普京签署了《主权互联网法》，旨在加强巩固俄罗斯政府对俄罗斯境内互联网架构和基建的控制，且在互联网上建立清晰的国家边界，以对抗美国对俄罗斯可能构成的网络威胁。基于该法案，俄罗斯政府随后逐渐完善独立自主的国家互联网系统 RuNet。

俄罗斯 2021 年颁布的《国家安全战略》，进一步强调"信息安全的目的是加强俄罗斯联邦在信息领域的主权"。在美俄关系持续走低的背景下，与国家地缘政治空间安全理念相匹配，俄罗斯形成了独特的信息安全观——持续强化国家信息主权，发展独立的网络通信技术，收紧对网络的整体控制，以积极对抗来自诸如美国等"不友好国家"的外来信息技术对俄罗斯政权的攻击。

第 2 章 网络防护

网络安全防护（以下简称网络防护）是保障网络空间安全的重要手段。在军事对抗中，由各类军用网络信息系统构成的网络信息体系是支撑信息化战争的关键基础设施，网络防护是否到位直接关系到军事网络空间中各类指挥控制系统、信息化武器装备能否有效抵御网络攻击，能否在受到网络攻击后仍然有效发挥作战效能。网络空间中渗透攻击无孔不入，决定了必须全面、成体系地构建网络安全防线。

2.1 网络防护内涵与概况

2.1.1 网络防护的概念内涵

从保护的安全属性看，网络防护是指网络信息系统的保密性、完整性、可用性、真实性等安全属性得到保护的状态。保密性，是网络信息系统中的软件和信息不被泄露的特性。在网络空间作战中，当攻击者利用对手目标计算机上的漏洞，在其不知情的情况下通过网络访问取得系统权限，植入并激活木马等攻击软件、窃取该计算机上的机密军事情报时，系统的保密性就被破坏了。完整性，是网络信息系统中的软件和信息未经授权不能被改变的特性。当系统被木马软件渗透，并被篡改机密数据时，系统的完整性就遭到破坏了。可用性，是网络信息系统中的软件和信息资源能够被授权用户访问并按需求使用的特性。当攻击者通过阻塞网络，导致军事信息服务器无法正常访问时，系统的可用性就遭到破坏了。真实性，是网络信息系统中的软件和信息真实可信的特性。当攻击者成功仿冒身份、篡改情报并被对手成功接收时，系统的真实性就遭到破坏了。

从保护的安全目标看，网络信息系统可以分为物理层、运行层、数据层和内容层四个层次，网络防护则在每个层次针对特定目标的安全展开。其中，物理层安全是指对系统的物理设备（例如计算机、网络设备）及其电磁信号的保护，对应网络空间相关的物理域；运行层安全是指对系统的运行过程和运行状态的保护，数据层安全是指对系统中的数据在处理、存储、传输、显示等过程中的保护，二者对应的是网络空间相关的逻辑域；内容层安全是指对系统中面向信息受众的内容的保护，对应的是网络空间相关的认知域与社会域。数据层中的数据是狭义的信息概念，防护的是信息自身的安全，而内容层中的信息是广义的信息概念，体现具有更丰富语义、更主观认识的观点和立场等，防护的是信息利用的安全。

2.1.2 网络防护与信息安全的发展

网络防护既然是保障网络空间安全的重要手段，必然和网络技术、信息安全技术紧密相关。首先，我们所关心的计算机安全、网络安全、数据安全、内容安全等各种安全，都是和信息或者信息系统相关的。虽然信息安全是在20世纪90年代计算机和互联网普及以后，才出现并成为人们普遍关注的新安全概念，但从学术意义或者技术角度看，信息安全作为最早为人们所广泛接受的代表信息或者信息系统相关的安全概念，可以认为在各种安全概念中，它是最大的概念，其他的安全都可以看作从属于信息安全的技术分支或者是属于信息安全的某个发展阶段。其次，由于信息技术的发展，信息安全的每个发展阶段重点关注的安全威胁问题各不相同，产生的安全技术各有特点。网络防护就代表了一系列的信息安全技术。

按照时间顺序，信息安全的发展划分为五个阶段，即通信安全阶段、计算机安全阶段、网络信息安全阶段、网络信息保障阶段、网络空间安全阶段。

第一个是通信安全阶段，时间跨度是 20 世纪 40 年代到 70 年代。这个时期网络技术还不发达，计算机也是稀罕物，人们主要通过无线通信来传输消息，面临的安全威胁主要是对通信线路的无线侦听、搭线窃听。因此，人们重点关注如何保护在不安全通信信道传输中的信息机密性和完整性，对安全理论和技术的研究也以密码学为主，即密码编码和密码分析破解这一对攻防技术的学问。这个阶段的标志性工作是信息论的创始人、美国数学家香农于 1949 年发表的论文《保密系统的通信理论》。对计算机系统的安全保护仅限于保证计算机的物理安全，也就是把计算机安置在相对安全的地点，不容许非授权用户接近，以此保证数据和系统的安全。

第二个是计算机安全阶段，时间跨度是 20 世纪 70 年代到 80 年代。半导体和集成电路技术的飞速发展推动了计算机软件、硬件的发展，计算机和网络技术的应用进入了实用化和规模化阶段，数据与信息的传输已经可以通过计算机网络来完成。安全保护的对象从信息拓展到计算机信息系统，面临的安全威胁主要是对计算机的攻击，即给计算机软硬件系统运行带来危害的未授权活动。相对于通信安全阶段，人们重点关注计算机在处理和存储信息时的安全保护问题，安全属性也扩展为兼顾机密性、完整性和可用性。对安全理论和技术的研究以访问控制、可信计算为主，这个阶段的标志性工作是 1983 年美国国防部公布的《可信计算机系统评估准则》（因为该准则出版物的封皮是橘色的，俗称"橘皮书"）。

第三个是网络信息安全阶段，时间跨度是 20 世纪 90 年代到 21 世纪初。得益于互联网技术的快速普及应用，各种应用信息系统和网络服务广泛建立起来，并通过互联网实现了互连、互通。安全保护的对象进一步拓展到网络基础设施和各种网络信息系统，面临的安全威胁主要是来自互联网的大规模、多类型的黑客攻击行为。人们意识到，必须全面考虑网络和信息安全的问题。涌现了一大批新理论、新技术和新产品，如网络安全协议、公钥基础设施（public key infrastructure，PKI）、防火墙、入侵检测、防病毒、漏洞扫描等。安全属性也增强了用户身份的真实性、用户数据的隐私性、信息和系统的可控性、网络交互行为的不可否认性等。

第四个是20世纪和21世纪之交的网络信息保障阶段，人们进一步系统考虑安全体系建设，安全理念也发生了变化，从传统的针对网络信息系统的保护理念开始转变到面向业务的保障理念。着眼的安全保护对象上升到业务层面，也就是要确保建立在网络信息系统之上的各类业务安全运行，即使是在受到攻击损害之后，业务也能降级运行。人们重点关注建立一个"深度防御体系"，通过更多层次化、多样性的技术手段，把安全管理与安全技术结合起来，实现从被动安全向主动安全转变，从安全风险承受模式向安全保障模式转变。安全理论和技术的研究集中在风险管理及多种技术手段的综合运用。这个阶段的标志性工作是美国国家安全局于1999年提出的《信息保障技术框架》(*Information Assurance Technical Framework*，IATF)，它也成为美军构建网络信息安全体系的重要指导。

当前，我们处于信息安全最新发展的第五个阶段，也就是网络空间安全阶段。在这个阶段，网络空间安全进一步上升到国家安全战略高度，安全威胁影响到关系国计民生的国家关键基础设施，甚至是民众心理和舆情的走向，反映了国家力量间的博弈与对抗。

网络信息技术是发展变化最为活跃的技术之一，网络防护技术也随着信息安全不同阶段的发展而发展，在继承了第一个通信安全发展阶段的技术基础上，从第二个计算机安全发展阶段开始，经历了第三个网络信息安全、第四个网络信息保障阶段，在网络空间安全发展阶段呈现了新的特点。

2.1.3 网络防护面临的根本挑战

网络攻击者实施攻击的主要途径是通过网络，利用网络信息系统中存在的漏洞（包括系统漏洞和管理漏洞）潜入防护方的网络信息系统，在信息空间中进行直接操纵，对其认知产生直接影响。漏洞存在于网络信息系统的整个生命周期中，其中，系统漏洞是指网络信息系统的开发者在设计或实现系统时产生的与用户预期冲突的软硬件缺陷；管理漏洞是指网络信息系统的使用者在部署、配置和维护系统时产生的可以被攻击者利用的疏忽。

漏洞是网络空间安全的最大隐患，网络安全面临的根本挑战是漏洞无法杜绝。系统漏洞不可避免的原因有三个。第一，理论上，不存在一个万能的软件工具能够检查任何程序是否存在某类漏洞。这个问题在计算机科学理论中被称为"不可判定问题"。第二，即使对于某个特定程序，例如 Windows 操作系统的某类漏洞，人们可以设计软件工具进行分析检查，但通常计算复杂性很高，程序规模增长时，分析判断的计算工作量也以指数速度增长，最终因在工程实践中难以实施或者找到漏洞的时限过长而失去现实意义。这个问题在计算机科学理论中被称为"NP 难问题"。第三，由于认知的局限性，或者信息系统使用者在系统定义阶段无法精确表达其关注的安全问题，或者信息系统开发者无法意识到可能存在的所有漏洞。

类似地，管理漏洞不可避免的原因有三个。第一，以军用指挥控制系统为代表的大型网络信息系统是通过综合集成的方式建立起来的复杂系统，多个被集成的系统之间可能存在复杂的配置关联和冲突，很容易导致管理漏洞。第二，管理人员往往很难把握日益复杂的信息系统的运行状况，从而导致管理漏洞。第三，即便是已经明确的管理规程，管理人员执行上的疏忽，也可能导致管理漏洞。

漏洞问题是与人紧密相关的。无论是系统漏洞还是管理漏洞，与人相关的因素可以分为两类：一类是无主观意愿的，主要是技术上不可控的原因产生漏洞；另一类是有主观意愿的，就是故意留下漏洞。对于后者，攻击者利用了一种新的漏洞，即人性的漏洞，例如心理弱点等。站在网络防护的立场，也要考虑防止攻击者利用人性的漏洞开展攻击行为。

漏洞问题是与时间紧密相关的。一个系统从发布的那一天起，随着用户的深入使用，系统中存在的漏洞会不断暴露出来，早先被发现的漏洞也会不断被系统供应商发布的补丁软件修补，或在以后发布的新版系统中得以纠正。而新版系统在纠正了旧版本漏洞的同时，也会引入一些新的漏洞和错误。因而随着时间的推移，旧的漏洞会不断消失，新的漏洞会不断出现，漏洞问题将长期存在。

在网络空间对抗中，攻防双方都非常关注漏洞挖掘。如果是安全专家在测试中发现了漏洞，一般会立即通知厂商的产品安全中心。软件厂商经过漏洞确认、开发补丁、补丁测试之后，会正式发布漏洞公告和官方补丁。有两个非常知名的公布漏洞的权威机构：一个是美国维护 CVE 漏洞库的 MITRE 公司，另一个是每个国家都有的计算机应急响应组织（computer emergency response team，CERT）。如果攻击者先找到漏洞，他就可以利用漏洞程序来进行攻击，这种未被公布、未被修复的漏洞被称为"零日漏洞"。零日漏洞是危害最大的漏洞，也是对攻击者而言最有价值的漏洞。以著名的"震网"蠕虫为代表的高级网络攻击通常挖掘和利用了厂商和用户都未知的零日漏洞。零日漏洞曝光属于严重的安全事件，一般情况下，厂商会进入应急响应处理流程，以最快的速度修复漏洞，保护用户的合法权利。

• 经典案例

— "震网"蠕虫对伊朗核工业设施的攻击 —

2010 年 7 月，伊朗布什尔核电站、纳坦兹铀浓缩工厂等重要核设施的工业控制系统被爆出受到"震网"蠕虫的攻击，导致其核设施不能按时运行。消息一出，立即引起全球性的轰动，这是迄今为止被公开报道的首个针对工业控制系统的恶意代码，因此又被称为"超级病毒""超级工厂病毒"等。国内，《参考消息》在第一时间以显著位置剖析了"震网"蠕虫，国外的多家媒体也先后聚焦报道此事及其反映的重要意义。

2010 年 7 月，赛门铁克公司在全球首次披露"震网"蠕虫，分析报告表明该蠕虫可以通过计算机网络对工业控制系统实施网络攻击。截至 2010 年 9

月，全球已有约 45 000 个机构被"震网"蠕虫感染，其中有超过 60% 的被感染主机位于伊朗境内。伊朗政府已经确认布什尔核电站和纳坦兹铀浓缩工厂等重要核设施遭受到"震网"蠕虫的攻击。除伊朗之外，其他遭受"震网"蠕虫攻击的国家还有印度尼西亚、印度、阿塞拜疆等，而这些国家，或者更准确地说，是被"震网"蠕虫攻击的诸多目标，最为显著的特点就是在工业基础设施中大量使用了西门子等欧洲著名电力设备制造商生产的工业控制系统，例如 SIMATIC WinCC。SIMATIC WinCC 是微软与西门子合作为工业控制网络开发的专用控制系统，运行于微软的 Windows 系列操作系统之上，现已广泛应用于钢铁、运输、水处理和污水净化、电力以及核设施等工业部门。

"震网"蠕虫的主要工作机理是利用了存在于微软 Windows 操作系统中的至少 4 个系统漏洞（其中有 3 个全新的未公开漏洞），并为衍生的驱动程序使用有效的数字签名。具体地，"震网"蠕虫主要利用 RPC 远程执行漏洞（MS08-067）、打印机后台程序服务漏洞（MS10-061）实现在内部局域网中的渗透传播；通过移动存储设备，以"摆渡"攻击的方式对物理隔离网络进行渗透；利用快捷方式文件解析漏洞（MS10-046）使操作系统加载指定的攻击代码，触发攻击行为。在实施攻击时，"震网"蠕虫利用了 SIMATIC WinCC 控制系统的 2 个漏洞，通过 WinCC 修改直接控制工业生产设备的可编程逻辑控制器，最终达到其攻击工业生产系统的目的。

"震网"蠕虫可以在 Windows 2000、Windows XP、Windows Vista、Windows 7 和 Windows Server 2000/2003/2008 等操作系统中被激活运行。当蠕虫发现自身运行于非 Windows 系列操作系统时将退出执行。被"震网"蠕虫攻击的工业控制系统主要是 SIMATIC WinCC 7.0 和 SIMATIC WinCC 6.2，但不能排除其他版本的 WinCC 被"震网"蠕虫攻击的可能。

由于安全漏洞的高危害性、多样性和广泛性，在当前网络空间的各种博弈行为中，漏洞已经成为一种战略资源。零日漏洞的挖掘和利用必定是网络空间作战的撒手锏。

在网络信息系统的整个生命周期中，还有一个非常重要的环节存在漏洞，那就是供应链。经济全球化带来的全球产业大协作，导致供应链安全问题日益严重，这也是网络空间安全发展阶段的新特点。什么是供应链呢？就是组成网络信息系统的各种软硬件，从最初未经加工的原材料，到终端用户所使用的产品，中间所经历的一系列实体、信息等的供应交换，是涵盖设计、开发、加工、集成、采购等诸多环节的功能网链。美国防务承包商前雇员斯诺登披露的"棱镜"等监控项目中，美国政府利用思科等"八大金刚"厂商的信息产品，监控世界各国网络用户（包括欧盟领导人）的通话、邮件、即时聊天、照片、视频、文件等多种信息。美国政府正是利用了网络信息产品的技术优势和市场优势，通过供应链植入后门、木马等攻击载荷，最终形成了对全世界的监控优势，给各个国家的网络防护带来严重威胁。

2.1.4 网络防护的地位作用

网络安全防护是网络空间信息攻防的重要组成部分，也是网络信息保障的重要技术支撑。

网络信息系统中的漏洞无法杜绝，决定了网络安全不是绝对而是相对的，安全状态不是一成不变而是具有时效性。但并不是说，网络防护就没有意义了。"一羽示风向，一草示水流"，网络上更是如此，其一切行为都是有迹可循的，只要方法得当，就能够及时检测、发现、阻止和处置进入计算机网络信息系统的攻击行为，其危害也能够得到有效控制和消解。

2.2 网络防护技术体系

整体安全水平决定于最薄弱的环节，这就是网络空间安全的"木桶原理"，即木桶的存水量取决于箍桶的那一块短板，而非长板。这个原理决定了网络安全防护建设必须体系化设计、协调性发展，避免出现短板、缺项。网络安全防护需要综合运用技术、管理、法律等手段，集成建立一个有机体系，以保障网络信息系统的安全。

以下介绍两个具有代表性的网络防护技术体系：20世纪和21世纪之交的《信息保障技术框架》，以及21世纪20年代初兴起的零信任技术体系架构。

2.2.1 信息保障技术框架

在美国国家和军队的网络安全防护体系建设中，1999年美国国家安全局提出的《信息保障技术框架》具有重要的指导性作用。IATF提出了纵深防御的思想，其广义的含义是：从组织结构、人员培训、制度建设、操作和技术等多个层面考虑信息保障。从技术角度看，IATF的保护域包括四方面，即局域计算环境、区域边界或者本地计算环境、网络基础设施，以及安全基础设施，如图2-1所示。其中，局域计算环境包括内部系统应用和服务器；区域边界即本地计算环境，包括局域网；网络基础设施是提供网络数据传输及服务的基础设施，包括互联网、电信网络等；安全基础设施提供密钥管理、检测及响应，包括入侵检测系统、审计系统等。

依据IATF构建的网络安全防护技术体系，其提供的安全服务包括：保护、检测、响应、管理。

（1）保护。保护分四个层次：专用互联层保护措施包括边界网关、骨干路由器、防火墙，用于实施高级的包过滤策略；保护域/局域网层保护措施包括安全路由器（采用最强的限制策略）、局域网防火墙（启用加密功能）、访问控制服务器；主机/平台层保护措施包括安全操作系统，基于主机的监测、安全应用；进程/组件层保护措施包括互联网服务保护、应用保护、存储保护和消息保护。

（2）检测。在专用互联层和保护域/局域网层，使用基于网络的入侵检测；在主机/平台层，应用基于主机的入侵检测；在进程/组件层，使用基于应用的入侵检测。

（3）响应。响应可分为技术和管理上的响应，以及政策和法律上的响应。

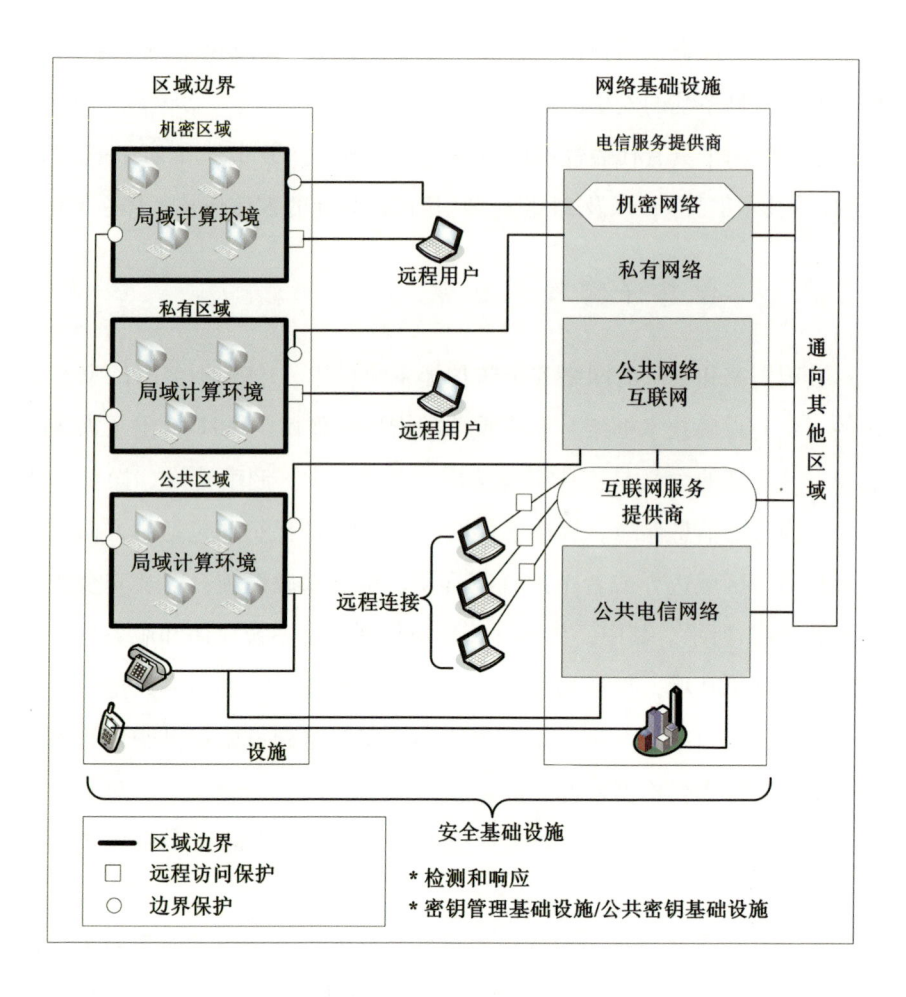

图 2-1 IATF 的保护域

响应功能主要由各级响应中心完成。响应的设置机构包括：应急响应中心、计算机网络安全防护中心、计算机取证实验室等。

（4）管理。安全管理基础设施包括密钥管理基础设施和其他管理基础设施两大部分。密钥管理是各类安全服务的共性基础，其基础设施由公共密钥基础设施和电子密钥管理系统组成。

2.2.2 零信任技术体系架构

纵深防御体系非常强调边界安全，即将网络划分为不可信和可信两个区域，从不可信网络进入可信网络的数据包，要经过防火墙的检查，规则允许下才会被放行。这类方式在网络规模不大、业务也不复杂的发展初期是有效的，有效阻断了蠕虫类攻击传播和一些未授权的访问。但随着时代的发展，网络节点数量爆发式增长，各类新的应用也不断涌现，各式各样的攻击模式可以轻松越过安全边界。例如，黑客可以通过邮件等方式将病毒、蠕虫或后门以正常的业务通道，绕过防火墙投递到可信网络中，或是以物理潜入方式、无线网络 Wi-Fi 接入等方式绕过边界防火墙控制，直接在内部发起攻击。其原因是传统的边界安全模型重点在于边界的防护，对已经通过边界的行为防御能力有限，再加上安全管理常常外紧内松，疏于内部安全管理，因此黑客一旦进入内部，攻击难度会大幅降低。

在网络对抗过程中，零信任安全模型也被演化出来。作为一种安全理念，零信任的中心思想是企业不应自动信任内部或外部的任何人/事/物，应在授权前对任何试图接入企业系统的人/事/物进行验证。简言之，零信任的策略就是不相信任何人。美国国家标准与技术研究院在 2020 年发表的《零信任架构标准》（正式版）给出了零信任的概念，即是一种以资源保护为核心的网络安全范式，其前提是信任从来不是隐式授予的，而必须进行持续评估。零信任技术体系架构如图 2-2 所示，一个网络主体（如上网用户）要通过不可信的网络去访问可信的企业资源，必须通过一系列核心组件和支撑组件的支持。其中，核心组件包括策略决策点 [（policy decision point，PDP），含策略引擎（policy engine，PE）、策略管理器（policy administrator，PA）]，策略执行点（policy enforcement point，PEP）；支撑组件包括持续诊断与缓解系统、行业合规系统、威胁情报源、活动日志记录系统、数据访问策略、公钥基础设施、身份管理系统、安全信息与事件管理系统。

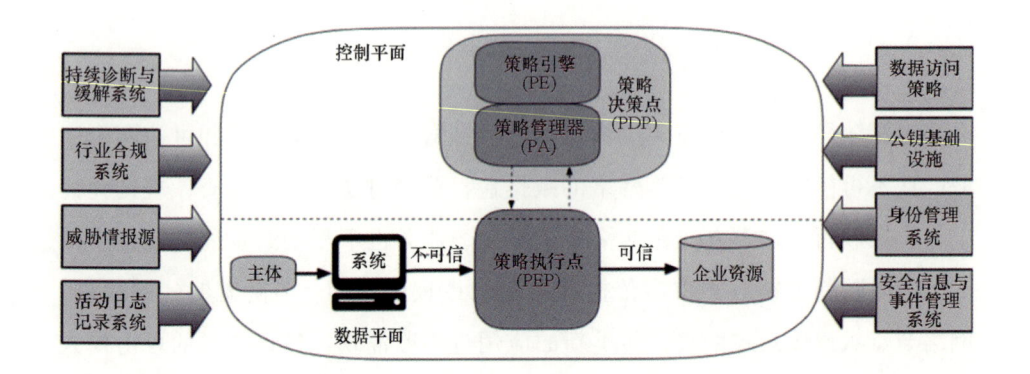

图 2-2 零信任技术体系架构

PDP 基于企业安全策略以及外部数据源（例如 IP 黑名单、威胁情报服务）输入的"信任判定算法"，决定是否信任主体并授予或拒绝其对企业资源的访问权限。PEP 则执行访问或拒绝访问的动作。除核心组件之外，还有如下若干支撑组件输入数据源，供策略引擎做出访问决策，包括本地数据源和外部（即非企业控制或创建的）数据源。

（1）持续诊断与缓解系统：收集关于企业系统当前状态的信息，并对配置和软件组件应用已有的更新。向策略引擎提供的相关信息有是否正在运行打过补丁的操作系统和应用程序，是否存在已知的漏洞，等等。

（2）行业合规系统：确保企业遵守相关的监管制度，包括为确保合规性而制定的所有策略规则。

（3）威胁情报源：关于新发现的攻击或漏洞的情报信息，包括 DNS 黑名单、发现的恶意软件或恶意命令和控制通道等。

（4）数据访问策略：一组围绕企业资源创建的数据访问的属性、规则和策略，为企业的参与者和应用程序提供基本的访问特权。

（5）公钥基础设施：负责生成由企业颁发给资源、参与者和应用程序的证书，并将其记录在案。

（6）身份管理系统：负责创建、存储和管理企业用户账户和身份记录，如姓名、电子邮件地址、证书等。

（7）安全信息与事件管理系统：聚合反映企业信息系统安全态势的系统日志、网络流量、资源授权和其他事件信息，可被用于优化策略并警告可能对企业进行的主动攻击。

2021年2月25日，美国国家安全局发布关于零信任安全模型的指南《拥抱零信任安全模型》，强烈建议国家安全系统内的所有关键网络、国防部的关键网络、国防工业基础的关键网络和系统等高敏感性关键信息基础设施考虑采用零信任安全模型。

2.3 网络防护关键技术

正如美军"全球信息栅格"计划，军网信息保障的思路一直以保障作战任务完成为终极目标，网络防护技术体系的构建应以保障网络空间作战中网络信息系统的正常服务为最高目标。在综合民用互联网和军用网络信息系统特点的基础上，网络防护相关的关键技术包括以下六大方面：多级跨域网络信任、全程全维监测预警、多域安全隔离交换、敏感信息外泄防控、安全事件应急响应、高逼真度攻防演练。

2.3.1 多级跨域网络信任

网络空间中的网络构成非常复杂，保障用户和网络实体在多级跨域的网络中相互的可信性，需要建立网络信任体系；网络信任体系是网络安全防护的前提和基础。随着网络空间的发展，信任实体涵盖用户、终端、设备、服务等泛在网络要素，信任不再仅仅是用户和资源提供者点到点的链式关系，而是一种复杂的网状关系，信任等级需支撑各类应用多层次的安全需求；信息保障任务涉及若干管理域的资源共享和互操作。建立多级跨域网络信任体系，主要采用以下三种支撑技术。

1. 加密技术

加密技术是保障信息安全的核心技术，它不仅仅用于保护信息的机密性，信息的完整性、身份的可信任都要依赖于加密技术。如图2-3所示，一个加密系统包括加密算法、解密算法、明文、密文以及密钥。其中，明文是未被加密的消息，密文表示被加密的消息；将明文变为密文的处理过程称为加密算法，将密文变为明文的处理过程称为解密算法；密钥就是参与加密及解密算法的关键数，加密和解密算法通常需要一组密钥来控制执行；用于加密算法的密钥，称为加密密钥，用于解密算法的密钥，称为解密密钥。

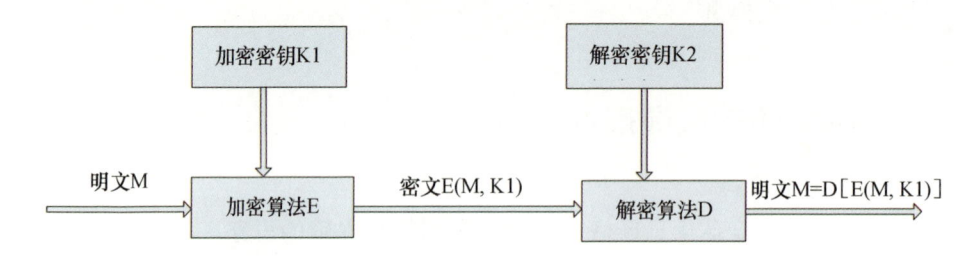

图2-3 加密系统

数据加密过程就是通过加密系统把明文按照加密算法变换成与初始数据完全不同的密文的过程。通过对信息进行加密变换，使未授权者即使获得了信息也无法理解其真实含义，从而达到信息保密性的要求。

根据密钥类型不同将加密技术分为两类：一类是对称加密技术，另一类是非对称加密技术（又称公钥加密技术）。

（1）对称加密技术：指加密密钥与解密密钥相同的加密技术。对称加密技术主要包括分组密码、序列密码，以及散列函数。对称加密技术具体采用的算法包括DES算法、AES算法、A5算法、MD5算法、IDEA算法等。其中最著名的是DES算法，DES算法在POS、ATM、磁卡及智能卡（IC卡）、加油站、高速公路收费站等领域被广泛应用以实现关键数据的保密。如信用卡持卡人的PIN的加密传输，IC卡与POS间的双向认证，金融交易数据包的MAC校验等，均用到DES算法。对称加密技术主要优点是加密和解密速度快，加密强度高，但其最大的缺点是密钥的分发困难，在有大量用户的情况下密钥管理复杂，而且无法完成身份认证等功能，不便于应用在网络开放的环境中。

（2）非对称加密技术：指加密密钥与解密密钥不相同的加密技术。具体的非对称加密算法包括 RSA 算法、背包密码、McEliece 密码、Rabin 算法、椭圆曲线算法、ElGamal 算法等。非对称加密算法的优点是能适应网络的开放性要求，密钥管理简单，并且可方便地实现数字签名和身份认证等功能，是目前电子商务等技术的核心基础。其缺点是算法复杂，加密数据的速度和效率较低。

因此在实际应用中，通常将对称加密算法和非对称加密算法结合使用，利用 DES 或者 IDEA 等对称加密算法来进行大容量数据的加密，而采用 RSA 等非对称加密算法来传递对称加密算法所使用的密钥，通过这种方法可以有效地提高加密的效率并能简化对密钥的管理。

根据加密的应用目的不同，数据加密技术可以分为数据传输加密和数据存储加密。

（1）数据传输加密主要是对传输中的数据流进行加密，常用的有链路加密、节点加密和端到端加密三种方式。

链路加密是传输数据仅在物理层上的数据链路层进行加密，不考虑信源和信宿，它用于保护通信节点间的数据。接收方是传送路径上的各台节点机，数据在每台节点机内都要被解密和再加密，依次进行，直至到达目的地。

节点加密与链路加密类似，是在节点处采用一个与节点机相连的密码装置，密文在该装置中被解密并被重新加密，明文不通过节点机，避免了链路加密节点处易受攻击的缺点。

端到端加密是为数据从一端到另一端提供的加密方式。数据在发送端被加密，在接收端解密，中间节点处不以明文的形式出现。端到端加密是在应用层完成的。在端到端加密中，数据传输单位中除报头外的报文均以密文的形式贯穿于全部传输过程，只在发送端和接收端才有加、解密设备，而在中间任何节点报文均不解密。

（2）数据存储加密有四种实现方式：主机软件加密、加密存储安全交换机、嵌入式专门加密设备，以及基于存储层的存储设备。

（1）主机软件加密功能通常由备份软件提供，由软件完成一般性能要求的数据加密，代表产品有 Symantec Veritas NetBackup、IBM TSM、EMC Networker 等；

（2）加密存储安全交换机连接在存储设备和主机之间，不改变原有的 IT 结构，本身也可以做光纤交换机使用，同时具有数据加密功能，也可以同原有交换机互联，支撑异构存储设备，有较高性能和管理性，代表产品有 Cisco MDS 系列等；

（3）嵌入式专门加密设备作为单独的一个加密设备，可按需灵活连接在存储设备和交换机之间，支持异构存储，代表产品是 DecruDataFort 系列；

（4）基于存储层的存储设备本身支持数据加密，由存储设备本身提供加密功能，代表产品有 DELL LTO-9 磁带机和 IBM TS7700 磁带驱动器等。另外，随着云计算的兴起，云存储服务提供商也已经开始提供加密存储服务，诸如 Dropbox、Microsoft OneDrive 等产品都具有内置加密功能。

2. 身份认证

身份认证是解决网络空间中用户（操作者）身份确认问题的安全机制，其主要功能是验证用户（操作者）身份的真实性和合法性。身份认证机制可以防止虚假或伪造身份者非授权进入多级跨域网络信任体系中的合法系统，并为访问控制等后续安全机制提供支持。

身份认证的主要工作包括两个部分，一是被认证者向认证者出示自己的身份，二是认证者判断被认证者的真实身份与其出示凭证是否相符。

目前，身份认证技术可划分为三种基本类型：基于所知的认证、基于所有的认证和基于特征的认证。

（1）基于所知的认证。被认证者应该知道与其声称身份相应的若干唯一性关键信息，认证者可以由此来进行判断或验证。知晓并能正确表述相应关键信息的被认证者即被认为是真实合法的用户，否则为假冒非法用户。

这些关键信息一般是各种形式的密码（如静态口令、短信密码等）、预设知识（如密码问题等），或是真实合法用户唯一持有并保密的信息（如 PIN

码等)。

（2）基于所有的认证。被认证者应该具有与其声称身份相应的唯一性物理实体证据，认证者可以由此来进行判断或验证。具有并能正确出示相应证据的被认证者即被认为是真实合法的用户，否则为假冒非法用户。

这些物理实体证据一般是各种形式的物理令牌，如银行常用来提供网上交易使用的电子密码器、电子口令卡，各种形式的 U 盾，以及具有类似功能的各种智能卡等，如图 2-4 所示。这些物理实体证据的共同特点是归真实合法用户个人所有且需要避免丢失（如随身携带、安全存放等），通过技术手段实现不可复制性。

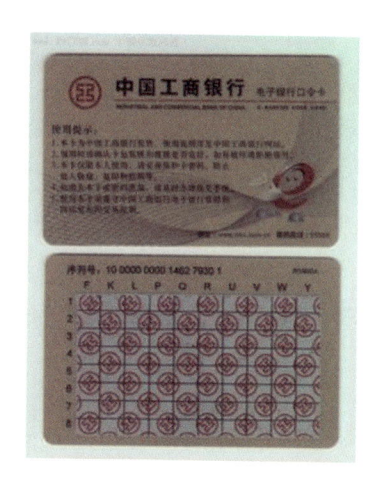

图 2-4 中国工商银行的电子口令卡、电子密码器和 U 盾

以中国工商银行较为普遍用于网上银行交易的身份认证工具为例，电子银行卡相当于一种动态的电子银行密码，口令卡上以矩阵的形式印有若干字符串，客户在使用电子银行（包括网上银行和电话银行）进行对外转账、B2C 购物、缴费等支付交易时，电子银行系统就会随机给出一组口令卡坐标，客户根据坐标从卡片中找到口令组合并输入电子银行系统。只有当口令组合输入正确时，客户才能完成相关交易。这种口令组合是动态变化的，使用者每次使用时输入的密码都不一样，交易结束后即失效，从而杜绝不法分子通

过窃取客户密码盗窃资金,保障电子银行安全。电子密码器可以看作电子口令卡的高级版本,相比静态初始印刷密码的电子口令卡,它具有内置电源和密码生成芯片,动态实时地生成密码,安全性得到更高的保障,同时外带显示屏和数字键盘,使用也更为方便。U 盾是安全保障系数更高的用于网上银行电子签名和数字认证的工具,它可以安全存储用户的个人数字证书,同时内置微型智能卡处理器进行有关密码计算,一般实现了 1 024 位非对称密钥算法,可对网上数据进行加密、解密和数字签名,以确保网上交易的保密性、真实性、完整性和不可否认性。

(3)基于特征的认证。被认证者本身应该具有与其声称身份相应的唯一性物理特征,认证者可以由此来进行判断或验证。具有相应特征的被认证者即被认为是真实合法的用户,否则为假冒非法用户。

与基于所有的认证不同,基于特征的认证判断和验证的是与被认证者本身不被分割的特征。目前技术条件下,被使用的特征有指纹、虹膜、DNA,以及语音、笔迹等,如图 2-5 所示。

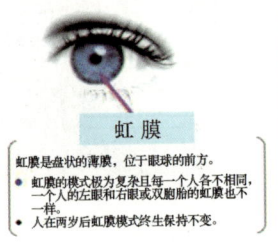

图 2-5　虹膜认证、指纹认证、笔迹认证

在有需要的场合或场景下,为达到更高的身份认证强度和更灵活的身份认证性能,可以混合或综合使用多种身份认证基本技术。如我国在 2007 年,由银监会向各商业银行下发通知,要求对所有网上银行高风险账户操作统一使用基本身份认证和附加身份认证的双重身份认证(高风险账户操作应至少包括向非本人账户转移资金单笔超过 1 000 元或日累计超过 5 000 元)。其中,基本身份认证是网上银行用户预先在银行注册的本人用户名及口令、密码,

附加身份认证则是网上银行用户持有、保管并使用可实现其身份认证方式的信息和设备，包括物理介质或电子设备等。

3. 可信网络连接

可信网络连接是随着可信计算技术发展而出现的新的网络安全机制，是可信计算机制与网络连接控制机制的结合。可信网络连接技术把终端计算环境的可信扩展到网络，使得网络成为一个可信的计算环境。

在终端接入网络之前，对用户的身份和终端平台的身份进行认证，并在此基础上进一步对平台可信状态进行度量，只有度量结果满足网络接入的安全策略，才能够允许接入网络，否则将终端连接到指定的隔离区域，对其进行安全性修补和升级。可信网络连接的支撑技术包括：系统完整性度量与报告、网络访问控制技术（如 802.1x 协议、虚拟专用网 VPN、点对点协议 PPP）、安全的消息传输技术（如可扩展认证协议 EAP）与用户身份认证技术（如 RADIUS 协议）。技术实施时需要增加可信网络连接设备。

目前全球范围内主要的两大可信网络连接技术是：可信网络连接（trusted network connect，TNC）和可信连接架构（trusted connect architecture，TCA）。TNC 是 2004 年由国际可信计算组织研究提出的，TCA 是 2007 年由中国可信计算标准工作组主导研究提出的。TCA 是我国自主创新的一套三元（访问请求者、访问控制器、策略管理者）三层（完整性度量层、可信平台评估层、网络访问控制层）的可信网络连接架构，相比 TNC 加强了网络接入端的平台鉴别和完整性评估。目前已经有很多企业提供支持可信网络连接架构的网络设备和网络安全设备，如国外有 Cisco、Juniper Networks、Palo Alto Networks、Fortinet、Symantec 等，国内有华为、天融信等。

可信网络连接从终端入手解决网络的安全和可信问题，是网络接入控制的一种实现方式，作为主动性的防御方法，能够在网络传播之前抑制大部分的潜在攻击。

2.3.2 全程全维监测预警

随着网络空间国家级对抗的愈演愈烈，对关键基础设施和信息系统的外部攻击呈现出侦察方式全谱化、攻击手段多样化、行动隐蔽持续化、节奏低频突发化、组织分布协作化等高级特征，这类攻击被称为高级持续威胁。构建针对高级持续威胁的监测预警防线需要综合多种手段，包括多维度安全数据采集、持续的网络行为监控、协同的全网威胁检测等。构建全程全维监测预警防线，主要采用以下五种支撑技术。

1. 病毒防护

计算机病毒是附着在其他程序上的、可以自我繁殖的一组计算机指令或程序代码。感染计算机病毒之后，计算机的功能或者数据将遭受破坏，影响正常使用。病毒防护是指通过技术手段检测、预防、清除计算机病毒并阻止其传播。

病毒防护技术大致可以分为三类：

（1）病毒检测技术，指通过一定的技术手段判定计算机是否感染了病毒的技术。其实现原理主要有扫描法（扫描计算机系统中的文件判断是否感染病毒）、分析法（人工分析计算机系统的文件，判断是否感染病毒）、比较法（通过文件的对比判断是否感染病毒）等。

（2）病毒预防技术，指通过一定的技术手段防止病毒感染和破坏计算机系统的技术。病毒预防技术可分为主机预防和网络预防两种技术。主机预防主要是阻止计算机病毒进入系统内存、系统文件以及电脑磁盘等，网络预防是在网络边界上监测流入网络的数据报文，一旦发现报文中包含病毒，则阻止病毒进入网络感染主机。病毒预防技术需要事先判定疑似感染病毒的计算机系统症状，通常与病毒检测技术结合使用。

（3）病毒清除技术，指通过一定的技术手段将病毒从计算机中清除出去的技术。可以通过分析病毒在计算机中的位置和其对计算机系统的破坏情况，将病毒代码删除或清理掉，而后修复计算机系统，也可以通过系统备份还原功能将系统还原到病毒感染前的状态。

常用的防护计算机的病毒防护工具是杀毒软件。国内外著名的杀毒软件公司都发布了单机版和网络版的杀毒软件。国外知名厂商有 WindowsDefender、Kaspersky、Norton、McAfee 等，国内知名厂商有 360 杀毒、金山毒霸、腾讯管家等。常用的防护网络的病毒防护工具是入侵检测系统（intrusion detection system，IDS）和入侵防御系统（intrusion prevention system，IPS），虽然不直接查杀病毒，但通过检测阻断病毒发起的攻击行为来达到防护的效果。市场上有很多 IDS、IPS 产品，如启明星辰的天清汉马，而在开源的 IDS 中非常知名的是 Snort。一些知名杀毒软件厂商也开发了各种安全防护设备，部署在网络中防护目标网络，使其免受攻击。

病毒防护技术可以使计算机系统有效检测、预防和清除病毒，并有效阻止计算机病毒在网络空间的传播。但是，当前的病毒检测技术还存在一些缺陷，比如主要依靠扫描法来检测病毒，虽防护常见病毒非常有效，但尚不能检测和防护新出现的未知病毒。

2. 网络入侵检测

网络入侵检测系统是一种被动的防护手段，用来监控和探测异常活动。网络入侵检测系统通过在计算机网络或计算机系统中的若干关键点收集信息并进行分析，判断网络或系统中是否有违反安全策略的行为和被攻击的迹象。

网络入侵检测系统处理的是网络报文，网络报文的结构是根据网络协议的层次结构来组织的。如图 2-6 所示，网络协议的层次结构依次包括网络接口层的帧头、互联层的 IP 报头、传输层的传输层报头、应用层的应用层报头和报文数据。

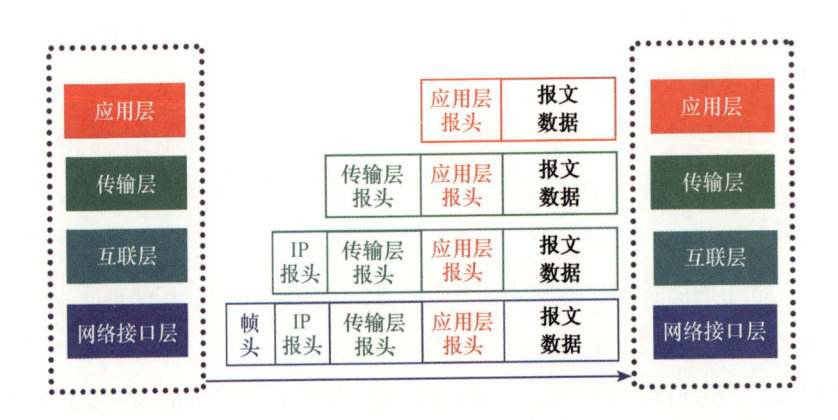

图2-6 网络协议的层次结构

网络入侵检测的工作原理如图2-7所示，系统对互联层、传输层和应用层报头以及部分报文数据内容进行检查，并对异常情况进行报警。

目前采用的主流检测技术是基于已知攻击特征的入侵检测方法，能够检测相当数量的网络入侵。但是这些技术通常不能识别新的攻击种类，误报率和漏报率较高，攻击方有可能通过特征变换进行检测规避。另外，该技术在自动进行系统保护和修复功能方面能力有限。

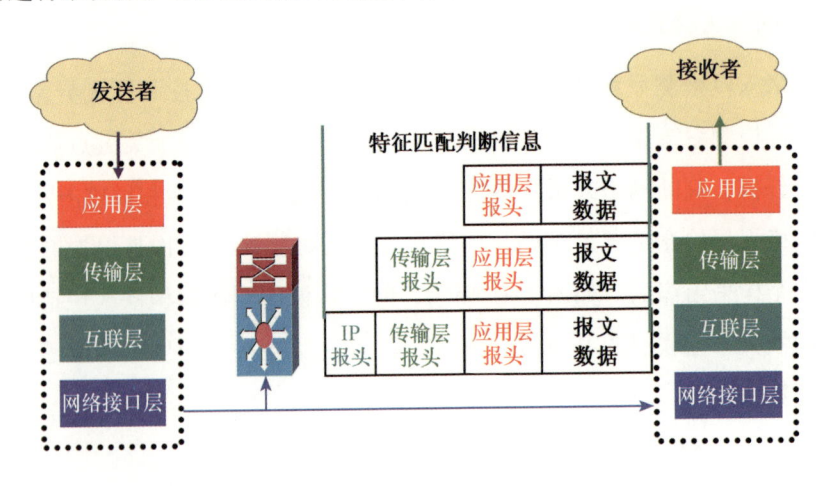

图2-7 网络入侵检测的工作原理

3. 攻击诱骗

攻击诱骗技术是一种基于主动防御思想的攻击检测技术，其基本原理是构建一个陷阱网络，主动吸引攻击者入侵，通过捕获攻击行为和记录相关信息对未知攻击进行分析，从而提取攻击特征。与网络入侵检测比较，攻击诱骗技术的明显优势是捕获到即表示发生了入侵，是对现有的传统入侵检测技术的有益补充。攻击诱骗主要包括蜜罐和蜜网技术，这些技术对分析研究网络攻击行为具有重大的理论和应用价值。

4. 安全漏洞扫描

漏洞是在计算机硬件、软件的具体实现或安全策略上存在的缺陷，可以使攻击者能够在未授权的情况下访问或破坏系统。漏洞扫描是指基于漏洞数据库，通过扫描手段（发送特殊构造的数据包并观察目标系统的响应）对目标计算机系统的安全脆弱性进行检测，从而发现可利用的漏洞的技术。

安全漏洞扫描的技术手段主要分为基于主机的漏洞扫描和基于网络的漏洞扫描。基于主机的扫描是在目标计算机系统上安装能够访问文件与进程的代理或者是服务，以扫描漏洞。基于网络的扫描通过网络来扫描远程计算机中的漏洞。主要技术有以下四种：

（1）主机扫描，通过网络控制或应用层协议报文对远程特定地址进行连通性测试，以发现目标网络上的主机是否在线。

（2）端口扫描，通过应用层协议连接请求的返回值，发现远程主机开放的端口和服务。

（3）系统信息扫描，通过数据包信息和协议栈信息判别操作系统及版本等重要系统信息。

（4）系统渗透攻击扫描，根据漏洞数据库及相关扫描插件，模拟恶意攻击行为，来试探目标系统是否存在被攻击或被渗透的漏洞。

目前市场上主流的工具是漏洞扫描器，其总体结构如图 2-8 所示。国外厂商 Acunetix 的 AWVS、HCL 的 AppScan、Tenable 的 Nessus 等漏洞扫描器处于主流地位，国内厂商启明星辰、绿盟科技、天融信等公司也都有漏洞扫描产品。此外，也有厂商基于扫描即服务的理念提供基于云平台的漏洞扫描服务，如 Qualys。

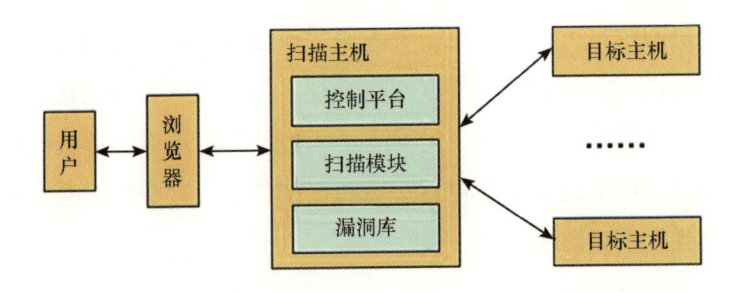

图 2-8 网络漏洞扫描器的总体结构

通过对网络和信息系统进行漏洞扫描，安全管理员能及时发现各种系统的安全漏洞，根据扫描的结果更正网络安全漏洞和系统中的错误设置，在攻击发生前进行有效防范，或是在网络安全事故后分析确定网络被攻击的漏洞所在，进行有效弥补。

5. 网络安全态势感知

网络安全态势是全程全维监测预警结果的综合展现，在网络空间作战中，敌我双方的态势感知是夺取信息攻防胜利的重要前提。获取网络安全态势的全局视图，依靠的是在全网范围合理部署的各种威胁感知传感器采集的原始安全数据。由于原始数据的海量、多源、多领域等特点，需要综合利用决策论、信息论、人工智能、数据挖掘等多种技术手段，研究建立支持多源融合的数据模型和算法，并基于网络威胁模型以及特征知识库，以协同工作方式来实时识别和离线推演网络中可能存在的各种威胁和异常行为。

安全感知传感器检测、收集的相关原始信息，是网络安全态势感知的信息来源。安全感知传感器包括各种设备或软件，部署在骨干、网络访问点、区域边界、主机、应用等，获取全面的安全数据信息。网络安全态势的感知是多传感器间协同采集以及多层次融合代理间协同数据融合的过程，如图 2-9（a）所示。

网络安全态势感知经历了从数据到信息再到知识三个逻辑抽象层次，形成了支持认知的威胁态势，如图2-9（b）所示。首先，网络空间的网络安全态势原始数据是通过安全事件数据采集器等安全感知传感器搜集而来，并经过校对或过滤等初步提炼，即对网络中多源、多类型的安全数据进行正误判断、冗余消除。其次，对在时间和空间上相互关联的安全事件进行归并处理，将数据按照相对重要性赋予权值，并在过程中进行分类，进行统计和规律发现，从而提取出威胁对象，形成对象库。最后，对威胁对象进行数学计算和逻辑推理，根据特征知识库和网络威胁模型提取和识别攻击行为，对当前网络安全态势做出评估，进一步完善网络威胁模型和特征知识库，并对未来威胁做出预警。

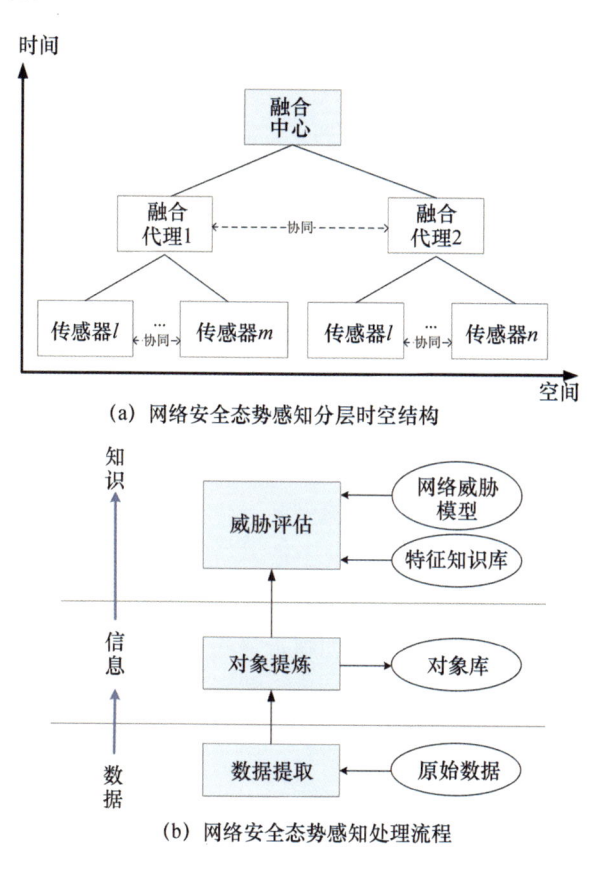

(a) 网络安全态势感知分层时空结构

(b) 网络安全态势感知处理流程

图2-9 网络安全态势感知

在网络安全态势分析与识别过程中，可用的数学模型可以分为以下三类：一是直接对数据源操作，如加权平均、神经元网络等；二是利用对象的统计特性和概率模型进行操作，如卡尔曼滤波、贝叶斯估计、多贝叶斯估计、统计决策理论等；三是基于规则推理的方法，如模糊推理、证据推理、产生式规则等。

• 典型案例

— 美军"前出狩猎"行动 —

作为"前沿防御"全球战略的一部分，美国网络司令部围绕俄乌冲突先后在乌克兰、立陶宛和克罗地亚开展"前出狩猎"行动，旨在获悉和了解对手的网络活动，并在对美国及其合作伙伴的集体网络安全产生不利影响前对威胁做出反应。

在俄乌冲突前，美国网络司令部曾秘密派出一支网络任务团队进入乌克兰。该团队由美国陆军网络司令部作战人员、军队文职人员和美国公司雇员组成，其任务是寻找俄罗斯部署的恶意软件，以帮助保护乌克兰关键基础设施免遭俄罗斯网络攻击。该军民混合团队在乌克兰铁路发现并清理了一种恶意擦除软件，该软件只需根据命令删除关键文件即可致瘫整个计算机网络。

2.3.3 多域安全隔离交换

网络空间中各个网络边界的防护主要体现为不同安全域（等级）网络的物理隔离或者逻辑隔离。由于基础设施重复投入花费巨大，物理隔离"烟囱群"式的网络体系向上发展面临困难，并且严重制约了跨安全域、跨地域的业务协同和作战协同。从发展的角度看，由于网络边界越来越倾向于"去物理化"，传统的网络边界防护，特别是多域隔离数据交换技术，远远不能适应跨地域、跨安全域、高实时性的联合作战和军事业务需求。

实现多域安全隔离交换，主要采用以下四种支撑技术。

1. 防火墙

防火墙是位于两个信任程度不同的网络之间的软件或硬件设备的组合，它对两个网络之间的通信进行控制，通过强制实施统一的安全策略，防止对重要信息资源的非法存取和访问，以达到保护系统安全的目的。防火墙在两个网络之间建立了一道防护屏障，对通过它的数据和服务实施高强度的安全控制，防止密级高的网络受到攻击。防火墙的基本功能包括身份鉴别、访问控制、日志审计和安全告警等。

常用的防火墙是包过滤防火墙，其工作原理如图 2-10 所示。包过滤主要是对互联层和传输层单个数据包报头里面的信息进行过滤，不涉及应用层数据。

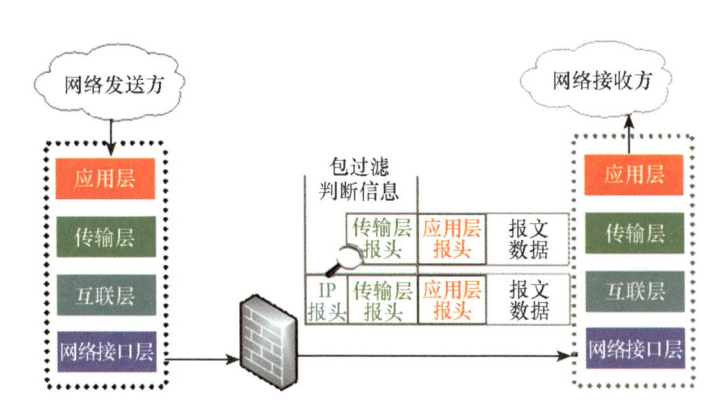

图 2-10 包过滤防火墙的工作原理

防火墙在抵御大量的外部攻击的同时也存在一定的局限性，这些局限性包括不能防止内部窃取、对付不了新的威胁、难以防止被病毒感染的程序或文件的传输等。

2. 网络隔离

网络隔离是不同网络之间信息交流的闸门，包括物理隔离和逻辑隔离两类。

物理隔离要求被隔离的网络与其他网络在物理上完全分开。被物理隔离后的网络不会直接受到来自其他网络的攻击。物理隔离以牺牲网络间信息共享能力为代价。当然，一旦了解物理隔离机制，还是有可能开发出针对性的攻击手段。

逻辑隔离采用高强度的安全防护措施，实现内外网相对隔离前提下的信息交换，其安全强度高于防火墙。图 2-11 是基于内容深度检查的网络逻辑隔离系统工作原理示意图，系统对数据包逐层还原，对互联层、传输层和应用层报头进行检查，也对报文数据内容进行检查，根据内容检查结果决定是否转发报文，从而可以有效地阻止攻击报文的传输。

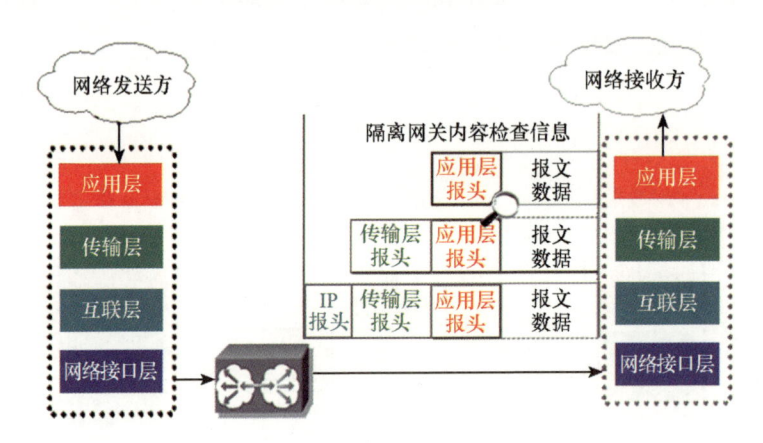

图 2-11　网络逻辑隔离系统工作原理

虽然网络逻辑隔离和防火墙看起来比较类似，但是在安全策略上还是有较大不同。防火墙往往采用黑名单策略，即如果没有禁止规则，网络流缺省是可以通过的；而网络逻辑隔离则采用白名单策略，即如果没有允许通过规则，网络流缺省是禁止通过的。从策略配置上来看，网络逻辑隔离的安全强度高于防火墙。

3. 虚拟专用网

虚拟专用网（virtual private network，VPN）是解决网络空间中多域安全隔离交换问题的有效和重要技术手段，其主要功能是将物理上分布在不同地点、具有专网通信需求（或较高保密级别需求）的用户或网络，通过公用

（或较低保密级别需求）网络连接而成的逻辑上专用性质的网络。

通过 VPN，可以实现在公用（或较低保密级别需求）网络上安全地传输私有数据（或较高保密级别需求数据），而不必使用物理上的专用私有线路或专网。VPN 为安全数据传输提供了灵活有效的实现机制，并为多域安全隔离交换从物理隔离为主转换为可控技术隔离为主提供了有效支持。

以在 IP 网络上构建 VPN 为例，其主要工作原理如图 2-12 所示。内部网和分支机构或远程访问员工之间，需要在因特网这一公共网络上搭建 VPN。

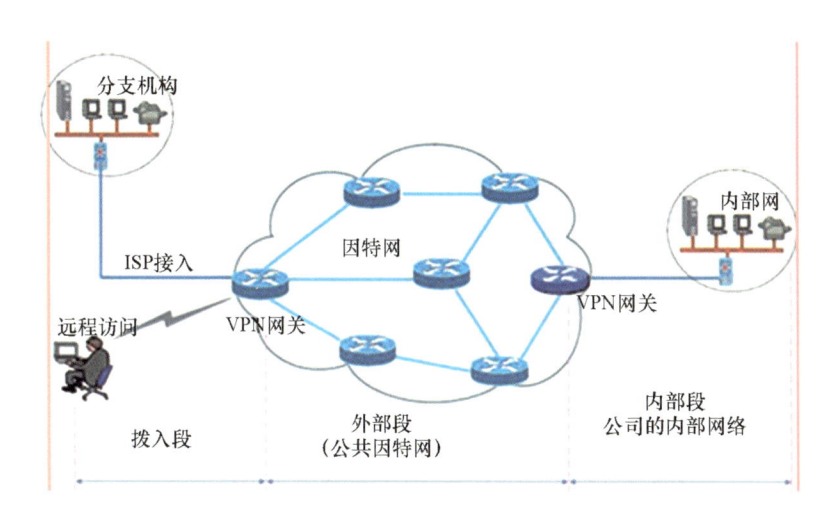

图 2-12 在 IP 网络上构建 VPN 场景示意

基本的技术原理就是由 VPN 网关通过特殊协议（称之为封装协议）对原始网络数据（其协议称为乘客协议，这里是原始 IP 包）进行一次额外封装，再使用公共网络协议（称之为传输协议，这里是 IP 协议）在公共网络上传输，这样就建立了一条逻辑的专用数据通道（称之为隧道），如图 2-13 所示。

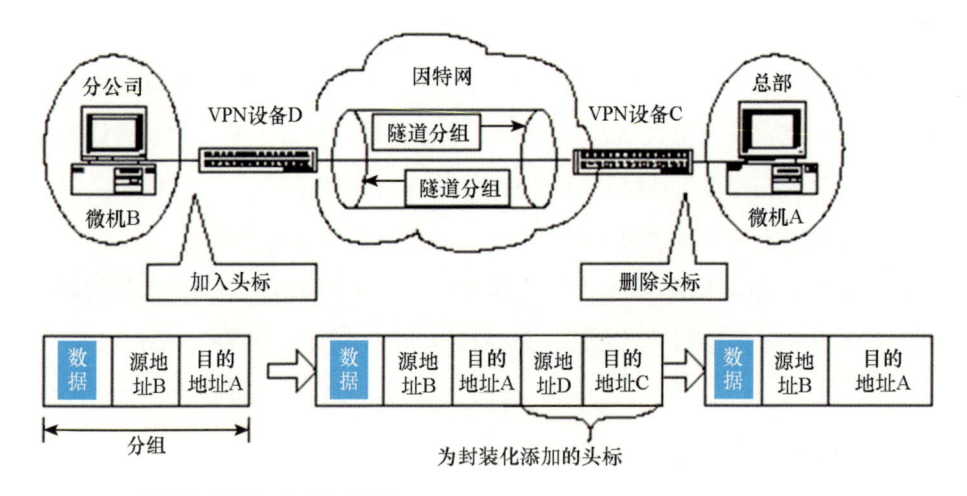

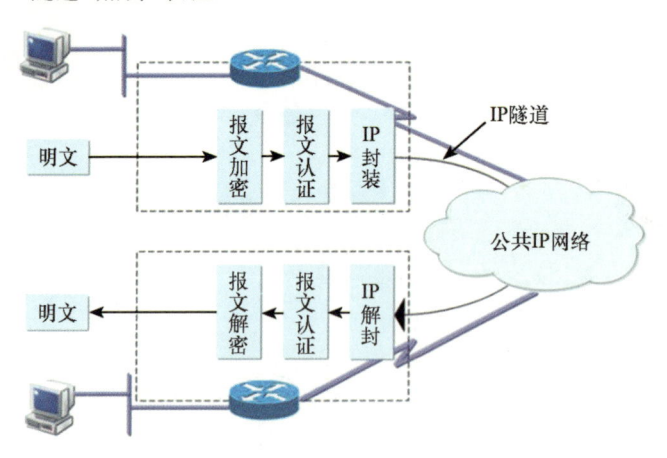

图 2-13　在 IP 网络上构建 VPN 原理示意

"隧道"的原理可以类比为利用公共邮政系统来传递内部信息邮件。VPN 网关具有类似于发送方、接收方对外的公开邮箱地址，内部信息邮件可以使用内部编址方法（类似于乘客协议），然后内封在使用公开邮箱的信封内，公共邮政系统就像执行传输协议的公开网络，并不知道内封邮件的实际具体地址，只需要将邮件发到公开的目的邮箱地址即可，收发两端的 VPN 网关负责内部信息邮件在各自内部网络中的具体分发（封装协议）。

VPN 可以提供机密性、完整性的安全机制。"隧道"提供了对用户数据的源地址、目的地址的保密。在封装和解封环节，VPN 网关可以增加对数据包的加密解密机制，提供对用户数据内容的机密性防护；可以增加对数据包的数字签名机制，提供对用户数据内容的完整性防护；可以增加对数据包源地址、目的地址的数字签名机制，提供对用户数据包的防地址假冒防护。

目前普遍使用的 VPN 方案有两个：一个是 IPSEC VPN，另一个是 SSL VPN。IPSEC VPN 工作在网络层（IP 层），通过 IPSEC 协议在目前普遍使用的 IPv4 协议上实现 VPN，对用户数据包（一般是 IP 包）提供加密、完整性校验、认证等安全机制。IPSEC VPN 在部署时，需要为客户机安装客户端软件（或修改协议栈）。SSL VPN 工作在传输层，是用来指定在应用程序协议和 TCP/IP 之间进行数据交换的安全机制，为 TCP/IP 连接提供数据加密、服务器认证以及可选择的客户机认证。SSL VPN 一般可以内嵌在浏览器中，不需要像传统 IPSEC VPN 一样必须为每一台客户机安装客户端软件。

4. 单向传输

很多军政机构和公司企业都将重要的业务系统和办公环境构建在内部的涉密网络中，有的机构还具有多个密级不同的涉密网络。这些业务系统和办公环境需要的一些基础数据来自外部的非涉密或低密级业务网络。业务信息系统的正常运行要求外部网络的业务数据能够通过网络发送到内部网络，同时，内部网络的信息不能传递到外部网络。

单向传输就是确保数据只能从非涉密或低密级网络发送到高密级网络的系统。设计单向传输系统的两条原则是"不可向上读""不可向下写"，满足这两条原则的系统可以保证无涉密行为。理论上，也就是只要能够保证数据从低密级网络向高密级网络单向流动，就能够确保不会发生泄密。单向传输通道结构如图 2-14 所示。

在该系统中，被发送的数据从低密级网络获取后，由数据发送端软件负责发送。发送器驱动程序为发送的数据添加标记，交由发送器发送。单向传输光纤确保了物理上的单向传输，数据通过单向传输光纤到达接收器后，接收器驱动程序会检查数据是否已经添加标记，若符合要求，才将数据交给数

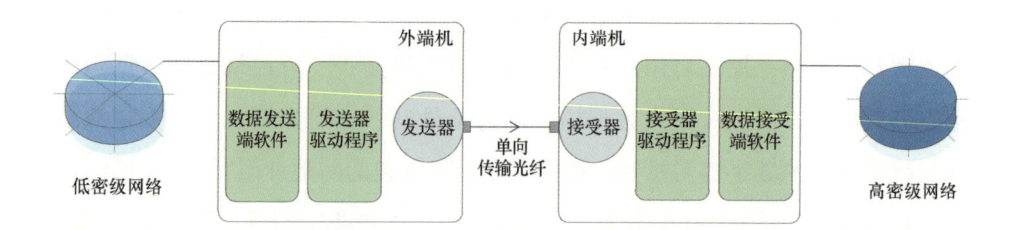

图 2 – 14　单向传输通道结构

据接收端软件。发送器只能发送加了特定标记的数据报文，接收器也只能接收这种特定标记的数据报文。如果其他的攻击数据想从外端机进入内端机，又没有特定标记，则不会被发送器发送，在一定程度上可以避免这种攻击。

2.3.4　敏感信息外泄防控

在军事网络空间中，内部人员可能违反保密规定无意或有意地滥用信息资源访问权限，甚至泄露敏感电子信息，这种"内部人员攻击"是必须严密防范的重大威胁。对信息资源进行严密的监察、管理和控制，可以技术手段弥补管理缺失。

• **典型案例**

— 美军"鹿弹扬基"秘密行动 —

2008年秋，美军在安全检查中发现，其在中东某军事基地的一台军用计算机被插入了一个暗藏有恶意代码的U盘。以这台计算机为跳板，该恶意代码将自身上传到了由美军中央司令部运行和维护的网络信息系统中。随后，这个恶意代码及其变种在美军的涉密和非涉密网络中大范围传播且没有被及时地检测发现，伺机将被感染计算机系统上的敏感数据发送到网络上的第三方服务器。据事后分析，该恶意代码是一种名为 Agent.btz 的快速传播蠕虫及其部分变种，能够在移动存储介质和计算机之间进行传播。而根据美军的报告，究竟是谁在幕后发起了这次窃密活动、美军又有多少情报被窃取，甚至是否有情报已经被窃取，美军都还暂时无法核实。

当发现这种恶意代码之后，美军启动了代号为"鹿弹扬基"的行动来对其军用网络信息系统进行清理。据报告，美军先后花费了将近 14 个月的时间来发现并清理其军用网络中的这种恶意代码。同时，为了阻止这种恶意代码在其军用网络中的进一步扩散，美军在 2008 年 11 月到 2010 年 2 月期间，明令禁止在其军用网络中使用包括 U 盘、移动硬盘、光盘等在内的各种移动存储介质，并在日常工作中用便携式软盘替代。直到 2010 年 9 月，"鹿弹扬基"行动才由当时的美国国防部副部长威廉·林恩三世在《外交》杂志上予以披露和解密。

有效控制涉密敏感电子信息的散播和泄露风险，主要采用以下三种支撑技术。

1. 数据集中管控

为了解决内部办公网络中敏感电子信息的安全问题，对敏感电子信息进行集中管控。具体而言，利用安全存储、安全传输、终端封控、打印监控等技术对敏感电子信息进行全面防护和管控，确保敏感电子信息的安全。

针对数据分散存储而不利于管理的问题，采用数据集中存储方式，将数据集中存储至指定服务器，统一进行管理，增强数据访问可控性。同时，利用加密文件系统对服务器中的数据进行加密存储，防止因服务器丢失等原因导致所有数据泄露。从终端软件和用户行为管控、打印等其他外设控制、基于可信硬件的身份认证控制等各方面加强终端的安全防护，提升数据在终端使用的安全性。

敏感电子信息集中管控系统解决方案一般可包括以下四个方面：数据加密方面，采用基于加密文件系统的密钥管理技术，提供对硬件加密设备的支持；终端安全方面，采用影子系统、无盘系统、虚拟桌面技术，确保安全隔离和终端不留密；身份认证方面，有 CA 统一认证中心、USBKey 双因子认证技术，保证身份认证的唯一性和安全性；终端管理方面，采用打印监控技术、终端封控技术，保障打印及终端 USB 接口安全。系统结合客户端监控管理机制、基于智能卡和证书的身份认证机制和安全传输机制，可以向用户提供一整套完善的网络安全存储解决方案。系统应用模式如图 2-15 所示。

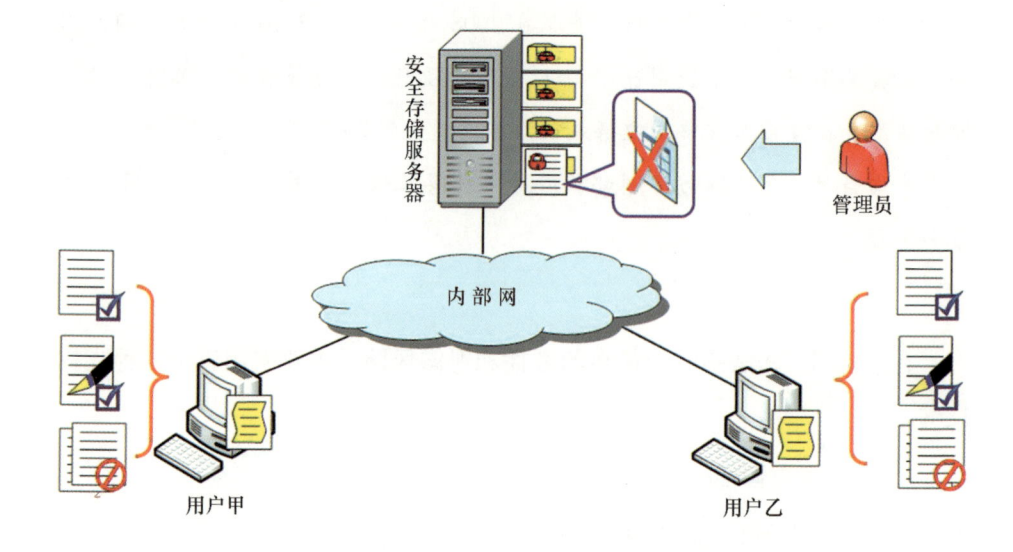

图 2-15　敏感电子信息集中管控系统应用模式示意图

针对集中存储面临的文件加密和文件共享需求，系统提供支持加密共享的文件加密功能，不仅针对用户的私有文件提供安全保护，而且为用户组内的每个用户提供加密共享能力。共享操作只需选择共享用户或用户组，再指定共享权限。同时，系统为用户提供透明的数据访问方式，不改变用户的使用习惯。

系统为每个用户提供独立的数据视图。数据视图中出现的数据包括两类：用户自己的数据和其他用户共享的数据。对于任意数据而言，除其属主和其共享用户能访问外，其他任何非授权用户（包括系统管理员在内）均无法访问。

网络安全存储系统不仅提供大规模数据加密存储服务，而且支持对数据进行管理和细粒度的访问控制。数据属主具有对数据的完全控制权，即使是系统管理员也无法干预。另外，系统支持创建、只读、读写三种共享权限，属主可以将数据共享给其他用户或用户组，且每个共享用户或用户组可以具有上述任意一种共享权限。属主可以查看授权用户和权限范围并可以随时修正。因此，客户端操作受限，保证敏感数据不被非法拷贝。管理员只能管理文件属性，无权浏览文件内容，降低人员管理造成的安全风险。

总之，敏感数据集中存储、逻辑隔离、自动共享等功能，可有效提高系统的安全性，降低了敏感信息外泄防控工作成本，减轻了涉密人员压力。

2. 主机监控

传统的安全技术如防火墙、入侵检测等部署在内外网边界，不能解决内部网络的安全问题。主机监控综合利用访问控制、密码学、审计跟踪等技术，对计算机终端工作状况和用户行为等进行监视、控制和管理，防止发生内部安全违规行为。

主机监控系统的运行部署情况如图 2-16 所示。主机监控系统通常包括客户端代理程序和服务器端管理配置程序两部分。

客户端代理程序运行在受监控的主机上，根据管理人员配置的安全策略，实现主机信息收集、资源访问控制、用户行为审计和非法行为报警等功能，重点监视和控制终端工作状况、软硬件的安装与使用、外部连接设备的使用、敏感信息的读写、网络连接与应用等情况。

服务器端管理配置程序通常运行在独立的主机上，实现安全策略配置、客户端信息收集和集中审计功能。客户端和服务器端通常采用多对一的方式。

国内安全市场上有很多主机监控审计产品，如北信源的主机监控与审计系统、天融信的昆仑系列主机监控与审计系统、奇安信的网神主机监控与审计系统、绿盟科技的主机审计系统 LAS、360 的主机监控与审计系统等。

目前，主机监控工具或软件能够在占用较少的计算机内存和硬盘的情况下正常运行，不会影响用户正常使用计算机，并且能够大大降低网络内部人员违规上网和泄密的风险。但是，任何一个主机监控工具或软件都有可能被高水平的黑客攻破，使监控机制失效，给内网带来安全隐患。

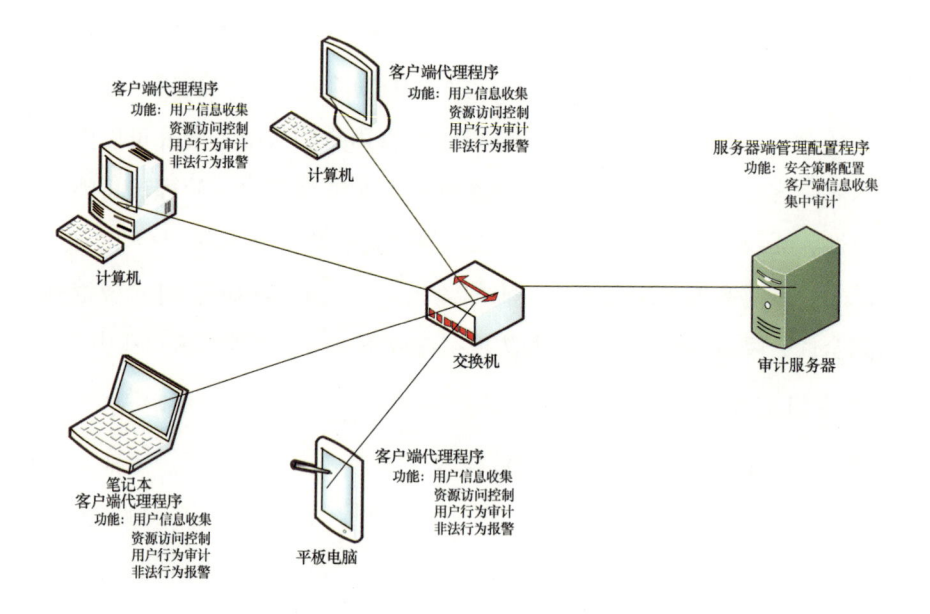

图 2-16 主机监控系统

3. 网络安全监控

网络安全监控包含两个层面。从企业管理的层面来看，指针对局域网内的计算机进行监视和控制，以掌握内部计算机上互联网的活动情况，能够支持上网行为管理、网络行为审计、内容监视、上网行为控制。从国家宏观管理的层面来看，指对互联网舆情进行数据采集、态势分析和引导控制。

企业的网络安全监控技术通常支持四种工作模式：网桥模式、网关模式、旁路模式、旁听模式。企业的网络监控技术能够捕获与过滤内部主机上网的网络数据、监控浏览的网页、监控邮件、禁止 BT 下载、监控 FTP 下载、监控使用的 Telnet 命令、监控使用网页发送的文件，以及监控即时通信聊天软件的视频聊天、文件发送等。

互联网舆情监控技术通常包括网页的搜索与网页数据采集、对海量的网页数据进行舆情分析、网络舆情引导和处置等。互联网监控目标通常包括微博、各种门户网站、贴吧、论坛等，通过数据挖掘和舆情分析技术可及时发现追踪社会热点问题以及重大非法活动趋势等，并通过适当的响应处置进行引导，避免造成恶劣的社会影响。

国内的安全市场上有很多面向企业管理的网络安全监控产品，如超级眼监控、超级嗅探狗、深信服全网行为管理 AC、华为 HiSecEngine ASG-D 系列上网行为管理产品。国外的安全市场上，如 Symantec 等安全厂商在其数据泄露保护技术产品体系中（如 Network DLP）涵盖了网络监控功能。互联网舆情监控市场也开始越来越热，产品包括蚂蚁集团的智能舆情监测系统、百度舆情内参助手等。

互联网是企业员工有意或无意泄露机密的主要管道，网络监控技术通过对员工上网行为进行监控，可有效防止其泄露公司机密，同时也可作为调查网络犯罪的取证手段。据调查，有 3/4 的美国公司采用了该技术和产品。而对互联网舆情进行有效监控，可有力支撑国家层面的反恐维稳工作。

2.3.5 安全事件应急响应

应急响应技术应用于对各种可能发生的意外事件所做的准备以及在事件发生后所采取的措施中。应急响应的对象是针对计算机或网络所存储、传输和处理的信息相关的安全事件，即违反安全策略的行为。

网络安全应急响应指的是网络安全应急响应组织为应对各种可能发生的网络安全事件所做的准备，以及在网络安全事件发生后所采取的措施和执行的过程。

应急响应要遵循"积极预防、及时发现、快速反应、确保恢复"的十六字方针。其活动主要包括两个方面：一是"未雨绸缪"，即在安全事件发生前做好准备；二是"亡羊补牢"，即在事件发生后采取措施。

实现网络安全事件的快速应急响应，主要采用多种支撑技术并建立应急响应体系。

1. 应急响应体系

网络安全应急响应是一项综合性的技术和系统性的工程，主要内容包括应急协作、应急准备、事件处置及应急销毁等。应急协作主要为各级安全防护中心的应急事件处理提供协作平台，并为远程诊断提供对外协助。应急准备是在事件发生前所做的准备，包括风险评估、安全计划制订、安全意识培训、以发布安全通告的方式预警以及各种防范措施。事件处置是在事件发生后所采取的措施，其目的是把事件造成的损失降到最小，这些行动措施可能来自人为响应，也可能来自系统自动响应，包括系统备份、病毒后门检测和清除、隔离、系统恢复、调查取证、追踪反制等一系列操作。应急销毁主要针对系统、设备、数据、软件提供统一和快速的销毁功能。

网络安全应急响应一般不存在单一的工具产品，通常是由网络安全应急响应组织、网络安全应急响应规范与指南、网络安全应急响应法规和相关网络安全应急响应系统构成网络安全应急响应体系。

2. 网络安全审计

网络安全审计是在网络环境下为了保障网络系统和网络信息数据不受入侵和破坏，按照一定的安全策略，利用各种记录、系统活动和用户活动等信息，检查、审查和检验用户操作计算机及网络系统活动的过程，是运用各种技术手段实时收集和监控网络环境中各个组成部分的系统状态、安全事件，并集中报警、分析、处理的一种技术手段。

网络安全审计的主要技术包括以下三种：

（1）日志审计：通过各种日志接口（如 SNMP、Syslog、OPSEC 等）从各种网络设备、服务器、用户电脑、数据库、应用系统和网络安全设备中收集日志，进行统一管理、分析和报警。

（2）主机审计：通过在服务器、用户电脑或其他审计对象中安装客户端的方式来进行审计，可达到审计安全漏洞，审计合法和非法或入侵操作，监控上网行为、内容及向外拷贝文件行为，监控用户非工作行为等目的。

（3）网络审计：通过旁路和串接的方式实现对网络数据包的捕获，在此基础上对网络数据流进行协议分析和还原，达到审计服务器、用户计算机、数据库、应用系统的安全漏洞、合法和非法或入侵操作，监控上网行为和内容、监控用户非工作行为等目的。

在审计级别上，网络安全审计分为三种类型：

（1）系统级审计：主要针对系统的登录情况、用户识别号、登录尝试的日期和具体时间、退出的日期和时间、所使用的设备、登录后运行程序等事件信息进行审查。

（2）应用级审计：主要针对应用程序的活动信息，如打开和关闭数据文件，读取、编辑、删除记录或字段等特定操作，以及打印报告等。

（3）用户级审计：主要审计用户的操作活动信息，如用户直接启动的所有命令，用户所有的鉴别和认证操作，用户所访问的文件和资源等信息。

网络安全审计工具有两种基本形式。一是将网络安全审计功能融合在其他安全工具中，如主机日志审计代理、主机漏洞扫描产品、主机防火墙、主机IDS/IPS、主机上网行为监控工具中的安全审计功能，如网络漏洞扫描工具、网络防火墙和网络IDS/IPS、互联网行为监控工具中的安全审计功能。二是完整独立的网络安全审计系统，一般以旁路的方式部署在网络主干流量上，基于网络流量进行安全审计。国内代表性的产品有启明星辰的天玥系统、绿盟科技的网络安全审计系统（NSFOCUS SAS）、奇安信的网络安全审计系统等。

安全审计对系统记录和行为进行独立的审查和估计，其主要作用和目的包括五个方面：

（1）对可能存在的潜在攻击者起到威慑和警示作用。

（2）测试系统的控制情况，及时进行调整，保证与安全策略和操作规程协调一致。

（3）对已出现的破坏事件，做出评估并提供有效的灾难恢复和追究责任的依据。

（4）对系统控制、安全策略与规程中的变更进行评价和反馈，以便修订决策和部署。

（5）协助系统管理员及时发现网络系统入侵或潜在的系统漏洞及隐患。

3. 追踪溯源

网络攻击者经常通过各种匿名技术隐藏真实身份，在攻击最终目标前通过一系列中间主机（或中间跳板）连接。网络攻击溯源通常是指从被攻击者反向寻找网络事件发起者相关信息，确定攻击者或者攻击中介的身份或位置以及攻击路径等。其中，身份包括人的姓名、账号、别名等相关个人信息，位置包括物理（地理）位置或虚拟位置（IP 地址或 Ethernet 地址）。

目前主流的技术有三种：

（1）基于网络的 IP 溯源：通过在路由器上概率性地标记数据包或者主动发送追踪数据包等方法，反向重构出 IP 包传播轨迹。

（2）基于数据关联的"踏脚石"追踪：是一种流匹配技术，通过网络被动观测和流量关联分析（包括基于主机行为的关联、基于数据包内容的关联以及基于包间时延的关联等技术），实现跳板主机的溯源追踪；需要在被攻击机上部署相关软件代理，在网关、防火墙、边界路由器上部署流量感知器。

（3）基于主机的黑客回溯：是一种反向轨迹追踪技术，即利用同样的黑客技术朝着攻击者的方向反向攻击一个主机，插入主机监管模块，获取网络连接和进程状态等信息，并利用系统状态寻找下一个反向连接，然后攻入后续一系列主机直至攻击者，从而实现攻击链回溯。

基于网络的 IP 溯源技术需要在路由器上部署，有部分国内路由器厂商具备实施能力，并在国内某些地区建立了试验网。基于数据关联的"踏脚石"追踪技术尚处于研究阶段。基于主机的黑客回溯技术未见公开的工具或系统，据报道，美国空军曾经使用"caller ID"的方法反向追踪并拘捕了一个入侵者。

由于种种原因，有很多攻击溯源技术在实际网络环境中难以实施。理论上基于网络的 IP 溯源在牺牲一定网络开销的前提下，可标识数据包在网络上转发的实际发送源，但它并不一定能真正找到攻击者。因为攻击者有可能隐藏在防火墙后面或者拥有私有地址。在网络加密前提下，通过基于数据关联的"踏脚石"追踪技术正确找到攻击者还有较大难度。而基于主机的黑客回溯技术成功的前提是主机监管功能不会被攻击者注意到并进行反制。

现实中网络空间中的攻击溯源难度是非常大的，很多时候无法通过纯技术手段来完成，主要有如下几个因素：网络攻击跨越了司法界限，需要其他方面的信任和帮助；互联网中公开通信或匿名通信的目标较为混乱；对系统故障和网络攻击两者差异的辨别也很困难。因此，攻击溯源还有待于技术、政策等方面的改进完善。

2.3.6 高逼真度攻防演练

网络空间是不同于传统陆、海、空、天的新战场，网络空间攻防具有人机结合紧密、方法手段多样、技术更新频繁、对抗博弈复杂等特点，给技术研发和人才培养，都带来全新的挑战。构建与实际网络空间高度相像的攻防演练环境是一个必要而且可行的解决方法。构建高逼真度的攻防演练环境，开展常态化的大规模攻防演练是确保网络防护体系高效的重要保障。

构建高逼真度攻防演练环境，主要采用以下三种支撑技术。

1. 虚实结合的网络靶场

网络空间靶场用于为模拟信息攻防作战提供逼真的战场实验环境，针对各种攻防手段进行试验，对网络空间作战进行模拟、推演、训练，以及对新作战理论进行研究和论证，可以帮助使用者有效发起计算机网络攻击、建立网络防御体系。

• 典型案例

– 美国国家网络靶场 –

美国的"国家网络靶场"（图2-17）是典型的网络空间靶场，该靶场由美国国防高级研究计划局发布，包括洛克希德·马丁公司和约翰斯·霍普金斯大学等多家商业和科研机构参与研发，已于2011年投入使用。主要功能包括：复现大规模军用网络和政府网络，复现商用无线网络和战术无线网络及控制系统，定量的数据采集、分析和呈现，复现逼真、复杂的国家级攻防力量，复现恶意软件数据库，等等。

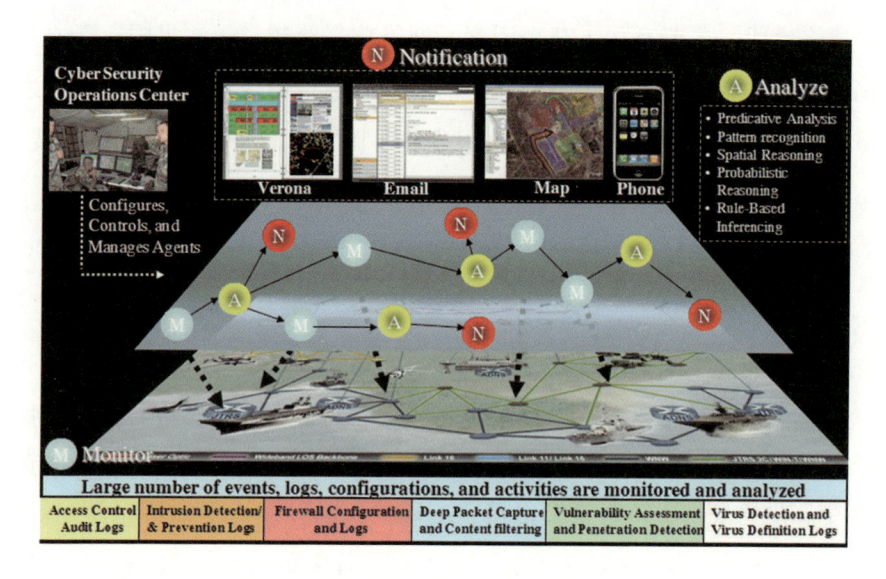

图 2-17　美国国家网络靶场

网络空间靶场让使用者可以在逼真的网络环境里学习信息攻击技术，同时可以编写一些计算机恶意代码和病毒，也可以利用端口扫描、木马等工具来攻击"靶机"获取权限。通过训练，使用者对潜在对手以及目前信息系统存在的弱点有深刻认识，并学会利用这些弱点进行作战信息保障。

2. 网络攻防模拟仿真

网络攻防模拟仿真是对网络攻防对抗的过程进行仿真的技术，以达到对网络攻防技术进行演练、测试、评估的目的。网络攻防模拟仿真技术体系由仿真层、模型层、基础层构成，如图 2-18 所示。

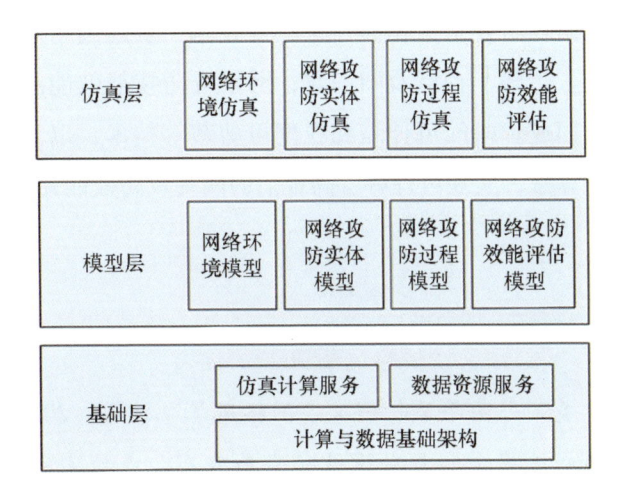

图 2-18　网络攻防模拟仿真技术体系

具体来说，网络攻防模拟仿真技术体系主要由网络攻防仿真、网络攻防建模、网络攻防仿真基础支撑等技术组成。其中，网络攻防仿真技术包括网络环境仿真、网络攻防实体仿真、网络攻防过程仿真和网络攻防效能评估；仿真的网络攻防实体包括人（如黑客）和自动攻防程序（如恶意代码）。网络攻防建模技术包括网络环境建模、网络攻防实体建模、网络攻防过程建模和网络攻防效能评估建模；网络攻防过程建模要体现对抗博弈的动态性。网络攻防仿真基础支撑技术涉及计算和数据资源两方面的服务：仿真计算服务技术包括仿真行为计算、推演调度分发、仿真运行管理；数据资源服务技术包括网络攻防环境数据、网络攻防实体数据、网络攻防计划数据、网络攻防过程数据以及网络漏洞知识库的存储、管理和维护。

3. 演练管理控制

演练管理控制为攻防演练系统的组成部分之一，负责对网络攻防演练全生命周期进行管理，涵盖网络攻防复杂想定管理、高质量演练态势数据获取、网络攻防技战效能演示与评估等主要功能。其中，网络攻防复杂想定管理包括复杂想定快速生成部署、重置释放等技术，实现强健稳定、可扩展可伸缩的网络攻防复杂想定管理；高质量演练态势数据获取包括大规模异构态势数据获取架构、网络攻防复杂数据高速采集等技术，实现网络攻防演练中异构态势数据的捕获、传输、存储及归一化；网络攻防技战效能演示与评估包括攻防演练过程可回放、时间可伸缩和粒度可剪裁等技术，以及网络攻防技战效能评估模型和算法，实现可理解、高置信的网络攻防效能评估。

• **典型案例**

—"网络风暴 2020"演习—

2006 年起，美国每两年举行一次"网络风暴"演习。2020 年 8 月 15 日美国国土安全部网络安全和基础设施安全局宣布，成功完成了为期 3 天的"网络风暴 2020"演习。

本次演习主要目的是评估网络安全准备情况，并检查安全事件响应流程、信息共享流程。它为参与者提供了一个演习环境，可以模拟发现并响应大范围的网络攻击，而不会受到现实世界的攻击影响。3 天的时间里，大约有 2 000 人参加了"网络风暴"，这是全美范围内最广泛的网络安全系列演习。

通过演习，国家关键基础设施的各个方面（联邦、州和地方实体，以及私营部门所有者和运营商）检查了集体网络事件响应能力，以此确定改进的领域。每次"网络风暴"演习都基于前一个演习的结论，并用于评估网络响应取得的进展。

2.4　网络防护技术发展趋势

网络安全技术与网络技术相伴相生，随着云计算、物联网、社交网络以及移动互联网等新型计算模式、新型网络技术形态的快速兴起与广泛应用，传统网络防护技术迎来新的威胁和挑战：云计算技术的普及增加了数据泄露和隐私暴露的风险，物联网技术的普及增加了网络攻击的物理风险，移动互联网的普及增加了网络接入的风险，社交网络的普及则增加了网络空间安全衍生的社会域、认知域安全风险。当前，网络防护技术的新发展体现在以下四个方面。

2.4.1 密码基石作用不断加强

作为网络空间安全的基石和最后一道防线，密码学相关理论和技术得到持续深入的研究和发展。有人宣称第三次世界大战将是"数学家的战争"，在网络上攻防双方使用的"武器"是以各种密码为代表的密码算法。其中，同态加密、量子密码和抗量子密码是典型的热点技术。

近年来，云计算在推广应用中遇到的问题之一就是如何保证数据的私密性，即用户数据在上传云服务器存储时是加密的，一旦在计算过程中进行解密则可能为云管理方获知。同态加密可以在一定程度上解决这个技术难题，可应用于密文搜索、电子投票等网络应用。同态加密是基于数学难题计算复杂性理论的密码学技术。对经过同态加密的数据进行处理得到一个输出，将这一输出进行解密，其结果与用同一方法处理未加密的原始数据得到的输出结果是一样的。

量子密码与以数学为基础的算法类密码不同，它是基于奇特物理现象的密码。实质上，量子密码是基于单个光子的应用及其量子属性开发的不可破解密码系统。所谓不可破解，是指基于"海森堡测不准原理"，在不干扰系统的情况下，将无法测定通过量子通信信道传输的量子状态，即无法窃听。当前，量子密码研究的核心内容是利用量子技术在量子信道上安全可靠地分配密钥，由于能够及时准确发现以光子形态传输的密钥是否被监听，因此密钥的分配传输非常安全，解决了传统密码系统中密钥分发的难题。

所有算法类密码的最大威胁，来自各种超强的计算，特别是以量子计算机和 DNA 计算机为代表的大规模并行计算。其中，量子计算机是一类遵循量子力学规律，进行高速数学和逻辑运算、存储及处理量子信息的物理装置。量子计算机以量子态为记忆单元和信息存储形式，并以量子动力学演化为信息传递与加工基础，同时以量子态的演化为计算结果。量子计算机以指数形式存储数字，将量子比特增至 300，就能存储比宇宙中所有原子还多的数字，并能同时计算。未来的量子计算机能轻松破译如今的 RSA 密码。简单增加密钥长度，对量子计算机是徒劳的，因此，密码学家们被迫考虑设计新的抗量子密码或后量子密码，其途径主要是基于哈希、编码、多变量和格的技术手段。其中，基于格的抗量子密码计算速度快，通信开销小，且能被用于构造各类密码学算法和应用，被认为是最有希望的抗量子密码。

2.4.2 内生安全机制持续深化

由于系统脆弱性，任何一个软硬件系统都存在内生安全问题，而传统的网络安全思维模式和技术路线多采用挖漏洞、打补丁、查毒杀马乃至设置蜜罐、布沙箱等层层叠叠的附加式防护措施，在引入安全功能的同时又会引入新的内生安全隐患。为了解决内生安全问题，人们相应地提出了动目标防御、拟态防御等内生安全机制，以提高攻击难度，化解或规避目标对象内部"已知的未知风险"或"未知的未知威胁"。面对不断变化的网络威胁，网络安全进化到了内生安全时代，从信息化系统内不断形成自适应、自主和自成长的安全能力。

动目标防御技术是网络空间"改变游戏规则"的革命性技术之一，其原理是通过多样的、不断变化的构建、评价和部署机制及策略来增加攻击者的攻击难度及代价，有效限制脆弱性暴露及被攻击的机会。动目标防御技术包括三个方面：数据指令随机化，主要有指令集随机化、地址空间布局随机化以及数据随机化；软件多样化，指编译器将高级源码转换成低级机器码时，通过函数替换、随机插入空指令、随机化操作等方法，自动使程序的机器码变得多样化，进而构造出同一个程序的多个功能相同、指令结构不同的程序版本；动态易变网络，是指 IP 地址、通道数、路由信道等信息可以自动动态改变的网络系统。

拟态防御是一种借鉴生物界拟态伪装现象的主动防御技术，主要采取了动态异构冗余构造方法，通过隐蔽或伪装目标对象的防御场景和防御行为，在目标对象给定服务功能和性能不变的前提下，对内部架构、冗余资源、运行机制、核心算法、异常表现等环境因素做策略性的时空变化，从而向攻击者呈现"似是而非"的场景。攻击者以此讨论攻击链的构造和生效过程，致使攻击成功的代价倍增，从而使得目标对象在应对持续性、高隐蔽性、高烈度的人机攻防博弈中获得可靠的优势地位，尤其是在面对未知漏洞后门、病毒木马等不确定威胁时，具有显著效果。在技术上，以异构性、多样或多元性改变目标系统的相似性、单一性，以动态性、随机性改变目标系统的静态性、确定性，以异构冗余多模裁决机制识别和屏蔽未知缺陷与未明威胁，以高可靠性架构增强目标系统服务功能的柔韧性或弹性，以系统的不确定属性防御或拒止针对目标系统的不确定性威胁。

2.4.3 人工智能助力数据分析

由于网络空间日益复杂，网络安全态势感知依赖于大数据级的安全综合分析。随着人工智能技术的飞速发展，网络安全态势感知与人工智能的深度结合成为学术界和工业界的热点。根据 2017 年 CB Insights 公司的人工智能交易追踪器统计，在人工智能应用领域中，网络空间安全是活跃度排名第四的行业，具体细分为八大领域：反欺诈与身份管理、移动安全、智能预测、行为分析与异常检测、安全自动化、网络风险管理、App 安全、物联网安全等。

人工智能和大数据技术可以分析学习异常网络行为、高级复杂网络入侵行为、恶意代码典型形态和活动规律、Web 应用程序的隐蔽攻击类型等，利用机器学习、深度学习以及大数据分析技术，网络空间安全态势感知正在向主动和深度方向发展，对未知网络攻击行为预警能力也将大大增强。

2.4.4 系统自动攻防崭露头角

未来战争是无人化战争，未来战场是机器人等无人装备的天下，网络空间也同样在朝着"无人时代"进发。2014 年，美国国防高级研究计划局宣布了一项为期两年的网络空间挑战大赛计划，要求参赛方开发一个无人干预的全自动网络推理系统，必须集成自主分析、自动打补丁、自动漏洞扫描、自主服务弹性和自主网络防御等功能。具体要求包括：可对 Linux 二进制程序进行全自动化的分析和漏洞发现，并自动生成触发漏洞的验证代码，自动修改程序漏洞，自动生成 IDS 规则，等等。

• **典型案例**

– Defcon CTF 人机大战 –

2015 年参加网络空间挑战大赛初赛的有 104 支队伍，2016 年 8 月最终进入决赛的有 7 支队伍，经过机器与机器的激烈对抗，卡内基－梅隆大学 ForAllSecure 团队凭借 Mayhem 系统获得第一名和 200 万美元奖金。2016 年 8 月 5 日至 7 日，在美国拉斯维加斯举办的信息安全届顶级赛事——Defcon CTF 中，Mayhem 机器人战队被邀请与人类顶级 CTF 战队同台竞技，并击败了两支人类战队。这是机器智能深入影响网络对抗的标志性事件，其对未来系统自动攻防技术研究的推动作用和意义不亚于围棋运动中 AlphaGo 战胜人类顶级棋手。

2.5　网络安全防护体系建设重点

一些顶级安全公司研究发现，97% 使用传统网络安全产品的企业无法抵挡现今的网络攻击，网络空间安全形势非常严峻。为什么大量的企业按合规性要求购买了很多安全设备和服务，还是会被黑客攻破呢？这说明"木桶原理"仍在起作用，黑客总是能从我们意想不到的短板进入。面临层出不穷的网络空间安全威胁，网络安全防护体系建设该如何开展？有以下四个方面的建设重点。

2.5.1 深化自主创新，构建全面可控信息基础设施

坚持走自主可控发展道路，突破美国"WinTelCo"（即微软的Windows操作系统、英特尔的Intel CPU和思科的Cisco路由器支撑的主流网络信息系统架构）技术壁垒，建立自主安全的可信网络基础设施和信息系统。创新研究网络防护新思路、新方法，依靠可信身份与信任机制解决攻击溯源和取证问题，突破复杂威胁行为分析与协同检测以及快速应急响应恢复技术，构建支持增量部署的动态自适应网络防护技术体系，并促进其应用推广。建立网络安全情报共享、应急响应和溯源反制机制，在网络安全技术、病毒样本、网络情报、应急响应等方面建立畅顺的交流渠道，提高多方协同防护能力。坚持不断完善融合发展的道路，筑牢国家网络空间防御体系。

自主可控是信息安全保障的核心要素。信息系统自主可控技术主要包括自主CPU、自主操作系统和自主网络等技术。近年来，国内自主可控关键软硬件技术取得重大突破，研制出了一批具有代表性的基础软硬件产品，经过适配、测试和评估，安全性得到较好的保障，可用性得到较大的提高。其中，曙光、华为等计算机、网络和存储设备国产品牌的整机功能、性能与国外同类产品相当，具备整机替代能力；基于飞腾、龙芯、申威等国产CPU的计算机经优化适配后，可用于办公应用和管理信息系统等中低端应用；基于银河风云等国产核心芯片的网络设备基本具备替换能力；以麒麟为代表的国内操作系统，神通、达梦为代表的数据库，中创软件为代表的中间件等基础软件发展相对成熟；以华为、浪潮为代表的云计算技术发展迅速，已逐步具备完全国产化的能力；以鸿蒙为代表的移动终端操作系统瞄准物联网也正在加快发力。

近年来，国家高度重视自主可控信息产业的发展，明确了计算机信息系统的自主、可控、安全需求，大力推进党政军及关系国家安全的关键行业的网络安全建设和自主可控信息系统建设，并相应出台一系列政策和要求，牵引自主可控信息产业的发展。首先，在核心基础设施（CPU、操作系统）适

配之上，有足够多的开发者和应用软件构建的生态体系是自主可控落地的关键，丰富的应用场景保证被终端用户获取，形成正反馈机制。其次，依托国内四大 IT 集团（中国电子、中国电科、中国科学院和华为）深度布局自主可控产业，软件厂商积极参与，国内替代的自主可控产品体系开始显现。最后，自主可控推进路径和节奏较为明确，先应用于党政军等安全性要求较高的领域，逐步进行软件适配和改进升级，在生态体系成熟后再向其他行业领域渗透。

2.5.2 夯实共性基础，支撑信息安全保障持续发展

信息安全保障技术需要一系列共性技术的支撑，当前研究热点包括：漏洞发现和脆弱性评估技术、网络取证技术、网络攻防演练评估技术等。其中，漏洞发现和脆弱性评估技术可为网络安全态势感知提供可持续的恶意攻击行为和威胁分析能力，以基于逆向工程为代表的软件漏洞自动挖掘技术虽然取得了一定进展，但在实用性方面还面临挑战；网络取证技术可为安全防护技术提供准确的攻击源定位能力，现有计算机介质取证技术较为成熟，但仅被应用于计算机系统数据的恢复和分析，而以美国数字基因为代表的新型网络取证技术正在深入发展应用中；网络攻防演练评估技术备受关注，网络攻防靶场正在得到快速建设，但对网络及其攻防过程进行高逼真度的仿真还是一个难点。总体上，共性支撑技术面临理论和应用上的重大挑战，一旦突破会带来信息安全保障能力的全面提升。

为持续推进信息安全保障技术发展，须加强共性支撑技术研究，相应地重点攻关以下技术。第一，研究网络漏洞自动分析技术，采用智能化的漏洞挖掘方法，高效实现整个自动化分析流程，支持网络关键对象结构脆弱点的综合分析，为快速发现未知网络攻击和弥补自身弱点提供支撑。第二，研究情报精确综合技术，借鉴数字基因思想，基于监测预警、内容监控、渗透测试、计算机取证、人工分析等多种信息来源，建立和维护相应的数字基因库。通过对网络空间安全情报精确综合分析，更为及时准确实现网络威胁跟踪定

位和追踪溯源。第三，研究网络对抗理论模型，揭示网络攻防建模规律；研究虚实结合的大规模网络靶场技术，在现有试验系统基础上，通过构建模拟更大规模、更为多样的网络及网络化业务系统，为测试评估各种网络攻防手段和攻防策略，进而为信息安全保障决策提供功能可扩展的高逼真演练环境。

2.5.3 加强等保建设，完善全网安全风险评估机制

人们的认识能力和实践能力是有局限性的，因此，信息系统存在脆弱性是不可避免的。信息系统的价值及其存在的脆弱性，使其在现实环境中，总要面临各种人为与自然的威胁，存在安全风险也是必然的。信息安全建设的宗旨之一，就是在综合考虑成本与效益的前提下，通过安全措施来控制风险，使其降低到可接受的程度。

信息安全建设的基本原则是必须从实际出发，坚持分等级保护、突出重点。风险评估正是这一原则在实际工作中的具体体现。从理论上讲，不存在绝对的安全，实践中也不可能做到绝对安全，风险总是客观存在的。安全是风险与成本的综合平衡。盲目追求安全和回避风险是不现实的，也不是等级保护原则所要求的。从实际出发，坚持分级防护、突出重点，就必须正确地评估风险，以便采取科学、客观、经济和有效的措施。

发达国家近年来大力加强了以风险评估为核心的信息系统安全评估工作，并通过法规、标准等手段加以保障，逐步形成了横跨立法、行政、司法的完整的信息安全管理体系。在我国目前的国情下，为加强宏观信息安全管理，促进信息安全保障体系建设，就必须加强常态化的信息安全等级保护与风险评估工作，并逐步使安全评估工作朝制度化的方向发展。同时，也需要进一步强化人员安全意识教育和安全行为管控，以降低人为风险。

2.5.4 建设网络靶场，建立常态网络攻防演练机制

网络空间对抗和网络战是一个新兴事物，其技术高度复杂且发展异常迅

猛，对网络空间关键技术攻关、装备研发、人才培养和战法演训提出了空前严峻的挑战。建设功能完善的网络靶场，并依托其开展常态化的攻防演练活动，是提高网络防护能力的有效手段。在这方面，美国给了我们一些有益的经验借鉴。

为了满足未来网络战的需求，美军构建了各种有效的网络攻防训练平台，其中包括网络战仿真系统、IWSS16系统、国家网络靶场等。在国家层面每两年组织一次"网络风暴"模拟对抗演习，每年都在军内开展各类面向网络空间信息化和数字化的训练以及对抗竞赛，如"网络旗帜""太空旗帜""网络盾牌""网络扬基"等，深入研练信息攻防作战的力量运用、指挥控制、战术战法、武器技术和协调同步，具有范围广、频次高、规模大、层次深、科目设置齐全、贴近实战场景、对抗交流并举的特点，旨在锻炼网络部队作战能力，测试网络国防武器技术，全面检验和提高美军网络攻防的实战能力和国家应对网络安全威胁的整体能力。

• **典型案例**

—"网络旗帜23-1"年度演习—

美军网络司令部于2022年10月17日至28日举行"网络旗帜23-1"多国战术演习，并于10月27日至28日举行多国研讨会和桌面演习。该演习旨在通过与参与团队和观察员在现实的防御性网络空间内协作，提高战备状态和互操作性。来自澳大利亚、法国、日本、新西兰、韩国、新加坡、英国和美国的250多名网络专业人员参加了此次演习，相关人员组成了13个网络团队。在美国方面，美国网络司令部、陆军网络司令部、海军舰队网络司令部和海军陆战队网络司令部人员参加了演习，"联合部队总部-国防部信息网络"提供了支持。

各防御性网络团队独立工作，以检测、识别和破解各自网络上的敌对存在或活动，同时开展团队协作并使用创造性的解决方案来推进防御措施。该演习利用了美国国防部测试资源管理中心的国家网络靶场。通过此次演习，各国加强了联系，了解了各自能力，为加强集体网络防御打下了基础。与同年 7 月举行的专注于欧洲战区的"网络旗帜 22"演习不同，"网络旗帜 23 - 1"在该演习系列中首次聚焦亚太战区，并纳入来自该地区的合作伙伴。除演习活动外，美国网络司令部还与 30 多个机构和国际合作伙伴一起举办了为期两天的多国研讨会和桌面演习。该活动包括一系列简报、协调讨论和会议，重点关注亚太战区的互操作性和网络空间挑战，以及与区域和"五眼联盟"合作伙伴相关的问题。

第 3 章 网络对抗

网络对抗是网络空间信息攻防的重要形态。当前，以美国为代表的西方大国在网络空间采取了更为激进的进攻性战略，非常重视网络战部队的建设和网络攻击武器装备的研发与应用。网络对抗技术持续演进，开启了国家级现代网络战的新纪元。

3.1 网络对抗内涵与概况

3.1.1 网络对抗的概念内涵

网络对抗是敌对双方以保障己方网络信息系统和信息的安全，削弱或者破坏敌方网络信息系统和信息安全为主要目标，以信息网络系统为载体，通过多种类型的信息网络，综合运用计算机、网络、通信等信息技术手段争夺信息优势而开展的一系列侦察、攻击、防护的对抗活动的总称。在本章中，网络对抗特指网络侦察攻击活动。

与信息作战的另一种重要形态——电子对抗相比较，网络对抗的实施过程从电子对抗侧重于信号干扰、信号欺骗、反辐射摧毁等能量层面或者物理层面的杀伤与破坏，转变为更多地利用信息层面或者逻辑层面的漏洞实施软杀伤，例如扫描探测、渗透潜伏等，削弱或者破坏敌方的网络信息系统及其存储、处理、传输或者使用的信息。

攻击者能够根据需要，通过攻击或者利用不同类型的信息网络等网络对抗手段，对基于信息系统的体系作战能力产生致命的破坏，并可能严重影响社会稳定，甚至危及国家安全，具有较强的潜在攻击效果。

3.1.2 网络对抗的发展历程

在信息安全发展的不同时期，人们对于网络对抗基本内涵的理解不同。同时网络对抗的作用对象、作战手段、技术支撑、装备体系等诸多关键要素的内涵，也随着信息技术的不断发展及其在军事领域应用的不断深化，不断丰富和发展。信息安全发展经历了通信安全、计算机系统安全、网络信息系统安全等阶段，网络对抗在各阶段有不同的关注焦点。

在通信安全阶段，信息安全最主要关注的问题是通信保密，而支撑通信保密的关键技术是密码技术。这个时期的网络对抗行动，突出地表现为对密码和密码体系的保护与破译。

在计算机系统安全阶段，从 20 世纪 70 年代开始，计算机系统安全主要表现为当多个用户共享同一个计算机系统的软硬件资源时，保证计算机系统的保密性、完整性、真实性和可用性。这个时期支撑信息安全的关键技术是计算机系统的分级保护技术，其核心是用户身份认证和访问权限控制等重要机制，而能否突破身份认证和访问权限控制就成为这个时期网络对抗的焦点问题。

在网络信息系统安全阶段，随着计算机网络逐渐成为国家基础设施和国防基础设施的重要组成部分，尤其是在信息化条件下，当建立在计算机网络之上的指挥信息系统成为主要的军事大国或者信息强国用以保障自身联合作战指挥体制能有效运行的基本物质和技术依托时，如何围绕保密性、完整性、真实性和可用性等军事信息系统的四个核心安全属性开展攻防就成为网络对抗的关键问题。例如，当攻击者在合法用户未察觉的情况下，通过网络攻击的方式远程获得军事信息系统中的计算机访问权限，植入并激活木马、蠕虫等恶意程序，窃取网络中存储、处理、传输的情报信息时，军事信息系统的保密性就遭到破坏。攻击者向军事信息系统中的计算机植入并激活木马等恶意程序，以及通过木马等恶意程序篡改计算机软硬件资源和数据，军事信息系统的完整性就被破坏。当攻击者在军事信息系统中通过篡改网络中存储、处理、传输或者使用的数据，成功地伪造情报信息时，军事信息系统的真实性就被破坏。当攻击者利用各种可能的手段阻塞甚至瘫痪网络，导致信息无法正常地在网络中存储、处理、传输或者使用时，军事信息系统的可用性就被破坏。

军事意义的网络对抗发展历程中主要有以下标志性事件。

1. 1988 年的莫里斯蠕虫事件

1988 年 11 月，康奈尔大学计算机系研究生莫里斯编写病毒程序入侵了美国国防部战略 C^4I 系统的计算机主控中心和各级指挥中心，约 8 500 台军用计算机受感染，直接经济损失达上亿美元。自此，网络对抗及网络战开始引发关注。

2. 1991 年海湾战争中病毒芯片事件

1991 年，美国特工在伊拉克新购买的打印机中嵌入病毒芯片，致使伊拉克防空体系中的预警和 C^3I 系统瘫痪，为美军顺利实施空袭创造了有利条件。网络攻击首次引入战争。

3. 1993 年美国首次提出网络战概念

1993 年，美国兰德公司的研究员阿尔奎拉和伦费尔特发表了题为《网络战要来了》的文章，第一次正式提出了网络战的概念，认为网络战是为干扰、破坏敌方网络信息系统，并保证己方网络信息系统的正常运行而采取的一系列网络攻防行动，是"21 世纪的闪电战"。

4. 2007 年爱沙尼亚遭受网络攻击

2007 年 4 月 27 日，爱沙尼亚政府不顾国内俄罗斯人以及俄罗斯联邦的强烈不满和反对，移动了苏联二战战争纪念碑。这一举动导致爱沙尼亚网络遭到了来自外部的大规模网络攻击。这场网络攻击持续了三个星期，爱沙尼亚被迫关闭了许多重要网络和互联网的接入，包括政府机构网络、银行网络、通信公司网络等。爱沙尼亚广泛依赖的在线交易和电子商务，因银行和通信公司网络的停摆遭受巨大损失。这场网络攻击被认为是第一场国家层面的网络战争。

5. 2008年俄格冲突中的网络攻击活动

俄罗斯在出兵格鲁吉亚前，就对格鲁吉亚的政府网站等网络信息系统进行了攻击，导致格鲁吉亚的互联网陷入瘫痪状态。幸运的是，格鲁吉亚当时经济领域对网络依赖程度低，网络攻击只是给居民造成了不便，没有在电力、金融等经济领域造成灾难性后果。俄格冲突中的网络攻击活动是首次发生在联合军事作战中的网络攻击活动。

6. 2022年俄乌冲突中的网络战

在俄乌冲突中，双方均将网络攻击的目标瞄准对方军事关键基础设施，旨在造成敌方的社会混乱、通信中断，并削弱政府、军事及民间机构的协同作战能力。在针对乌克兰的网络攻击中，俄罗斯对其电信基础设施、政府组织、能源部门等造成了实质性的破坏，使用了数据擦除恶意软件、勒索软件、僵尸网络等手段。乌克兰也不甘示弱，利用黑客组织和民间力量反击俄罗斯的网络攻击，针对俄罗斯的媒体网站、银行系统、交通系统等进行了干扰和破坏。俄乌冲突中的网络对抗活动是一场首次公开的、大规模的网络战。

随着网络对抗的加剧，面向军事信息系统的对抗行动已经进入了完全军事意义上的国家间对抗，各方以情报获取为主要目的，以漏洞发掘和利用为基础，以木马等恶意程序为重要支撑手段，较为频繁地开展大规模网络侦察活动。而且，无论是不断爆发的重大互联网安全事件，还是部分军事大国或者信息强国先后面向多种类型的网络信息系统所开展的一系列攻防对抗演练都清晰表明：以计算机和计算机网络为重要攻击目标的网络对抗活动，有可能在经济安全、社会安全、军事安全以及国家安全等重要层面造成极为严重的影响，在未来相当长的一段时期内都将是网络空间安全领域最为严峻的挑战之一。

3.2 网络攻击实施过程及支撑技术

根据实施过程的先后，通常可以将网络攻击划分为侦察探测、渗透潜伏和展开攻击三个逻辑阶段。

3.2.1 侦察探测阶段及支撑技术

对于以网络信息系统为主要目标的网络攻击而言，侦察探测技术主要包括两个方面的工作：发现网络信息系统的各组成要素（例如计算机、网络设备、网络协议等）可能存在的漏洞；具体探察防护方网络信息系统是否存在某些特定漏洞。前者主要是相对全面地收集、整理、分析和发现网络信息系统的各种漏洞，针对性地研究如何利用相应的漏洞实施网络攻击的具体方法，积累攻击资源；后者则是具体侦察防护方网络信息系统的使用情况，通过目标探测发现潜在的突破口。

1. 漏洞发现与利用

分析代码和发现漏洞是极具挑战性的工作，没有一劳永逸的方法。有效的技术途径是通过试探的方法，深入、细致分析网络信息系统是否存在某种类型的漏洞。在此基础上，结合漏洞的成因，研发针对具体漏洞的攻击手段。

缓冲区溢出漏洞是目前已经发现的一种非常普遍、危险的系统漏洞，广泛存在于各种系统软件和应用软件之中。50%以上的网络安全事件，与攻击者利用各种系统的缓冲区溢出漏洞来实施网络攻击直接相关。例如，历史上许多知名的网络蠕虫攻击案例，从2001年爆发的"红色代码"到2003年的"冲击波"、2004年的"震荡波"，再到2009年的"飞客"、2017年的

"想哭"、2022年的"树莓知更鸟"等，先后感染了互联网中数以百万计的计算机，都是利用缓冲区溢出漏洞实施网络攻击的典型。

那么，何谓"缓冲区溢出漏洞"呢？如果把一升的水注入容量为半升的容器中，水就会四溢，这就是水容器的溢出。类似的道理，在计算机内部，如果在一个容量有限的存储空间里试图保存超过其存储能力的数据时，那么数据就将溢出这个存储空间。计算机中临时存放输入数据的存储空间通常称为缓冲区，缓冲区的长度通常已经事先被程序或者操作系统所定义。缓冲区溢出漏洞就是指当计算机向缓冲区内填充的数据超出了缓冲区的容量时，溢出的数据将覆盖在缓冲区以外的合法数据上。但缓冲区溢出漏洞能被攻击者利用的最根本原因，在于网络信息系统中的计算机系统都是典型的冯·诺依曼体系结构（以下简称冯氏结构），该结构将数据与程序以统一的形式保存在内存空间中。因此，在冯氏结构的计算机系统中，程序可以作为数据进行传输和存储，只有在进入指令执行系统时才会作为计算机指令进行解码执行操作。当发生缓冲区溢出时，指向原合法程序的运行地址可能被覆盖并被篡改为非法程序的运行地址，这些非法程序通常是攻击者精心设计的恶意代码，并且已经随着从缓冲区中溢出的数据一起被存入了内存空间。缓冲区溢出漏洞带来的危害除程序崩溃、系统宕机等对网络信息系统的可用性造成破坏之外，更为严重的是攻击者可以利用缓冲区溢出漏洞，通过植入恶意代码的方式，取得目标系统的控制权限、执行非授权指令，进而完成各种非法操作。

对于攻击者而言，一方面，发现防护方网络信息系统的未知漏洞或者未公开漏洞更具有实战价值；另一方面，大量的实践也表明，已经公开发布的系统漏洞，在网络攻击中仍然具有实际应用价值。根据国家信息安全漏洞共享平台提供的统计数据，自1999年至2020年，该平台已经收集和整理了约15.2万条不同漏洞的信息，其年度分布如图3-1所示。

图 3-1　国家信息安全漏洞共享平台发布的漏洞统计数据

通过人工方式查找软件漏洞非常耗时且容易出错。统计数据表明，即使是最为出色的软件漏洞挖掘人员，每人每年新发现的漏洞也很难超过 10 个。自动化漏洞挖掘技术是攻击者应对这一问题的重要技术途径。这一技术围绕着高速目标追踪、精确脆弱点分析、自动攻击数据生成等关键技术的研究，以期顺利完成从目标软件分析、漏洞测试路径覆盖到最后构建攻击数据的整个漏洞挖掘流程。

当前，被发现的漏洞数量不断增长，除通用计算机操作系统和应用软件的漏洞之外，漏洞发现的范围也向网络设备、安全设备等基础设施不断扩展。同时，利用漏洞进行攻击的速度越来越快，这都使得攻击者的网络攻击能力得以不断增强。

2. 目标系统探测

目标系统探测的主要目的是收集防护方网络信息系统的相关信息，以确定可能的攻击突破口和具体的攻击方法。在收集目标系统的信息、分析确认目标系统可能存在的漏洞时，既需要通过公开渠道来调查潜在的被攻击目标，例如采用社会工程学等方法，更需要结合扫描、嗅探、密码与口令破解等技术手段来获取目标系统的重要信息。

社会工程学是指通过公开信息或者假冒管理人员，以网络社交的手段骗取目标系统相关的内部人员信任，从而获得目标系统的关键信息（如系统密码、软件版本等）。社会工程学是非常有效的侦察探测和网络攻击手段，往往可以避开复杂的技术过程而取得极为有用的目标数据。

对目标系统特性的获取通常采用网络扫描的方式，其目的是准确地发现目标系统中的网络拓扑结构、活跃主机、开放端口，辨识其软件版本等系统特性。由于系统漏洞通常是与操作系统或者应用程序及其软件版本密切相关，因此攻击者往往需要对目标系统的软件版本进行辨识。较为常见的操作系统辨识技术是采用协议栈"指纹"判别原理，即基于不同操作系统之间在处理网络通信数据的差异，通过发送精心构造的探测报文，分析目标系统对探测报文的响应，形成识别"指纹"，进而较为精确地判别出某个目标系统当前运行的操作系统版本。网络扫描技术不仅能够确认系统特性，还有可能寻找到一般的系统配置错误、默认的系统配置缺陷等管理漏洞。

目标系统探测的前提是能够接入目标网络。由于网络防御体系的存在，如何通过密码破解完成合法认证，或者绕过认证、过滤等网络安全防护机制，以有线或者无线的方式完成接入是当前网络攻击技术的难点之一。另外，目标系统探测的关键在于既要快速、准确地获取目标信息，同时又不能被防护方轻易地察觉，因此整个探测过程的隐蔽水平将直接影响到网络攻击的成败。

3.2.2 渗透潜伏阶段及支撑技术

渗透潜伏技术就是利用系统漏洞或者管理漏洞，通过网络或者其他手段将恶意代码植入防护方或者第三方网络信息系统，并且以相对隐蔽的方式在网络信息系统中进行潜伏。恶意代码是对攻击者编写的所有含有特殊目的、非法进入网络信息系统并伺机运行的程序的总称。人们所熟悉的病毒、木马、后门、蠕虫、僵尸等都属于恶意代码的范畴。

不同类型的恶意代码，其运行特征、运行条件和运行过程各不相同。恶意代码的一般工作过程包括植入（渗透进入目标系统）、驻留（在目标系统中潜伏）、激活、感染、破坏等具体环节。木马是一种具有自主执行能力的恶意代码，其典型特点是在植入、驻留，乃至激活、感染等过程中可以将自己伪装成合法代码，或者和合法程序捆绑在一起，以躲避目标系统的安全检查。后门实际上是一种特殊木马，它可以预设埋入或者由攻击者动态隐藏在目标系统中，支持攻击者的远程连接和激活。病毒的典型特点是需要附着在宿主程序上植入目标系统，通过宿主程序的运行完成激活，并以复制自身的方式进行恶意的感染传播。蠕虫的典型特点是通过网络进行复制传播，人们有时称其为网络病毒，但实际上蠕虫是独立的软件程序，并不一定需要依附某个宿主程序才能工作，因此它又不是传统意义上的病毒。目前，恶意代码技术正向网络化、综合化方向发展，某个新出现的恶意代码通常可能同时兼具木马、病毒、蠕虫等特点，可以通俗地称之为混合型病毒。

渗透、潜伏的关键技术是驻留、隐藏。恶意代码既要设法长期驻留在目标系统中不被察觉，成为对其实施网络攻击的"定时炸弹"，又要能够通过隐蔽通信，与外部的攻击者进行联络而不被察觉，从而能够接收控制指令并回传情报信息。

近年来，国家互联网应急中心对我国境内常见的恶意代码活动状况持续地进行抽样监测。根据统计，2020年，我国境内感染计算机恶意程序的主机数量约534万，位于境外的约5.2万个控制服务器控制了我国境内约531万台主机。就控制服务器所属地区来看，位于美国、中国香港和荷兰的控制服务器数量分列前三位，分别是约1.9万个、2 854个和2 083个，其分布情况如图3-2所示。

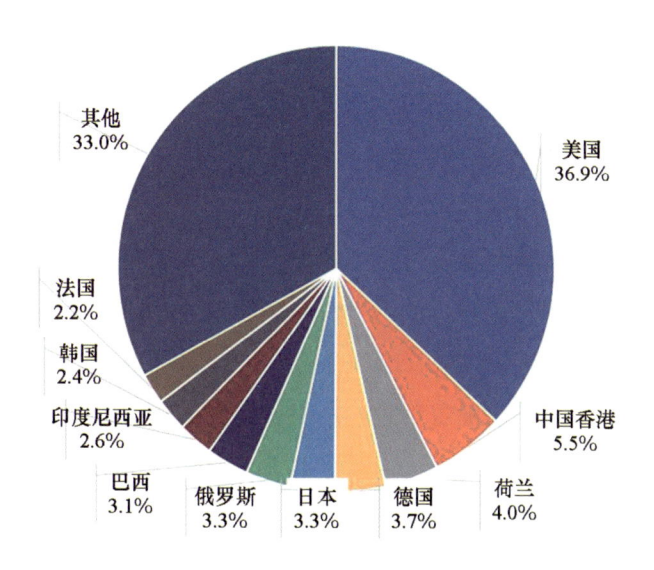

图 3-2　2020 年控制我国境内被感染主机的控制服务器数量分布

3.2.3　展开攻击阶段及作战应用

在获得网络目标系统的控制权后，就进入了最后达成作战目标的展开攻击阶段。在此阶段，攻击者通常在不同类型恶意代码的支持下，对目标系统的安全属性进行针对性破坏。根据不同的攻击目的和攻击对象，攻击者可能采取不同的攻击手段，例如以破坏保密性为主的窃取情报、以破坏可用性为主的瘫痪目标、以破坏完整性和真实性为主的篡改信息等。

展开攻击阶段希望达成的效果实际上反映了网络对抗的作战应用目标。由于网络对抗技术的飞速发展，网络对抗将不可避免地进入实战，在未来信息化、智能化战争中的地位和作用将更加突出，不仅可能影响到联合战役的胜败，还将直接影响社会稳定和国家安全。

网络对抗的作战应用有狭义和广义上的理解。狭义的作战应用是指敌对双方以军用信息基础设施和网络信息系统为战场环境，面向军事应用，包括作战指挥、武器控制、战场保障、后勤支援、军事训练、情报侦察、作战管理等方面，开展的一系列网络侦察、网络进攻和网络防御行动。广义的作战应用是敌对双方不仅以军用网络，还以互联网为代表的民用信息基础设施及其所联系的物理空间、信息空间、认知空间和社会空间为战场环境，面向政治、经济、科技、社会和国防等诸多领域而开展的一系列网络对抗行动。

广义网络对抗的作战应用包括以下四个方面：

（1）获取情报信息。随着信息网络发展成为不可替代的交互平台和业务平台，攻防对抗的双方可以通过各种类型的信息网络收集敌方政治、经济、军事、文化等多个领域的情报信息。

（2）攻击基础设施。随着信息网络发展成为国家关键基础设施，攻防对抗的双方可以利用信息网络攻击对方的金融、交通、电力、通信等国家关键基础设施，扰乱敌方政治、经济和社会生活，达到造成社会动荡甚至瘫痪的攻击效果。

（3）攻击指控系统。随着多种类型的网络发展成为军事信息系统的基础，攻防对抗的双方可以通过攻击敌方的指控系统，甚至是网络化或者信息化的武器系统，达到削弱敌方信息优势的作战目的。

（4）实施舆论宣传，展开心理战。随着信息网络，尤其是互联网发展成为继报刊、广播和电视之后迅速崛起的新兴媒体，攻防对抗的双方可以充分利用网络媒体的特点和优势进行舆论宣传，展开心理战，力求"不战而屈人之兵"。

3.2.4 典型网络攻击框架

当前，国际上提出了网络杀伤链和 ATT&CK 框架对网络攻击的一般过程进行更细粒度的描述。

1. 网络杀伤链

网络杀伤链是定义和描述网络攻击者在网络的攻击中所使用的攻击步骤的模型，由全球最大的国防工业承包商洛克希德·马丁公司于 2011 年提出。

网络杀伤链借用了军事领域的"杀伤链"概念。杀伤链一词最初由军方使用，用于定义敌方用来攻击目标的步骤，这些步骤包括查找、定位、跟踪、瞄准、交战和评估等。具体来说，查找是指确定目标，通过监视或侦察或情报手段找到目标。定位是指确定目标的位置，从现有数据或通过收集额外数据获得目标的具体坐标。跟踪是指监视目标的移动，跟踪目标直到决定不与目标交战或与目标成功交战。瞄准是指选择合适的武器或资产用于目标以产生预期的效果，并运用指挥和控制能力来评估目标的价值以及是否有适当的武器来对付它。交战是指对目标使用武器。评估是对攻击影响的评估，包括在该步骤收集的任何情报。

网络杀伤链用于描述网络入侵的各个阶段，将对手的杀伤链指标映射到防御者的行动路线上，确定了将单个入侵与更广泛的网络战役联系起来的模式。网络杀伤链基于威胁情报逐步收集的迭代特性，是情报驱动的计算机网络防御的基础，可以减少对手成功的可能性，为网络防御投资和资源优先级提供了依据，并产生了性能和有效性的相关指标。

网络杀伤链共描述了以下七个阶段：

（1）侦察跟踪，攻击者处在攻击行动的计划阶段，了解被攻击目标，搜寻目标的弱点。

（2）武器构建，攻击者处在攻击行动的准备和过渡阶段，使用自动化工具将漏洞利用工具和后门制作成一个可发送的武器载荷。

（3）载荷投递，将武器载荷向被攻击系统投递的阶段，发起攻击行动。

（4）漏洞利用，攻击者利用系统上的漏洞，以便进一步在目标系统上执行代码的阶段。

（5）安装植入，攻击者在目标系统上安装恶意程序、后门或其他植入代码的阶段，以便获取对目标系统的长期访问途径。

（6）命令与控制，恶意程序开启一个可供攻击者远程操作的命令通道。

（7）目标达成，在攻陷系统后，攻击者具有直接操作目标主机的高级权限，进一步执行和达成最终的目标，如收集用户凭证、权限提升、内部网络侦察、横向移动、收集和批量拖取数据、破坏系统，以及查看、破坏或篡改数据等。

通过了解网络杀伤链的这些阶段，防御者可以更好地识别和阻止攻击者在各个阶段的攻击。

2. ATT&CK 框架

MITRE 公司于 2013 年推出的 ATT&CK 框架是一个描述攻击者活动的模型，该模型根据真实的观察数据来描述和分类对抗活动。ATT&CK 将已知攻击者行为转换为结构化列表，将这些已知的行为汇总成战术和技术，并通过几个矩阵以及结构化威胁信息表达式、指标信息的可信自动化交换来表示。由于此列表相当全面地呈现了攻击者在攻击网络时所采用的行为，因此对于各种进攻性和防御性行为的度量、表示等都非常有用。

ATT&CK 的目标是创建网络攻击中使用的已知对抗战术和技术的详尽列表。ATT&CK 框架在安全行业中广受欢迎。简单来说，ATT&CK 是 MITRE 提供的"对抗战术、技术和常识"框架，是由攻击者在攻击企业时会利用的 12 种战术和 244 种企业技术组成的精选知识库。

ATT&CK 会详细介绍每一种技术的利用方式，以及为什么了解这项技术对于防御者来说很重要，这极大地帮助了安全人员更快速地了解不熟悉的技术。例如，对于甲方企业而言，平台和数据源非常重要，企业安全人员需要了解应该监控哪些系统以及需要从中收集哪些内容，才能减轻或检测由于入侵技术滥用造成的影响。这时候，ATT&CK 场景示例就派上用场了。它针对每种技术都有具体场景示例，并说明了攻击者是如何通过某一恶意软件或行动方案来利用该技术的。ATT&CK 每个示例都采用维基百科的风格，引用了许多博客和安全研究团队发表的文章。因此，即使 ATT&CK 中没有直接提供内容，通常也可以在这些链接的文章中找到。

现在很多企业都开始研究 ATT&CK，在这一过程中企业通常会采用两种方法。一是盘点其安全工具，让安全厂商提供一份对照 ATT&CK 覆盖范围的映射图。尽管这是最简单、最快速的方法，但供应商提供的覆盖范围可能与企业实际部署工具的方式并不匹配。二是按照战术逐项评估企业安全能力。以持久化战术为例，这些技术可能非常复杂，而且，仅仅缓解其中一部分技术，并不意味着攻击者无法以其他方式滥用这项技术。

从视觉角度来看，ATT&CK 矩阵按照一种易于理解的格式将所有已知的战术和技术进行排列。攻击战术展示在矩阵顶部，每列下面列出了单独的技术。按照战术至少包含一种技术，并且通过从左侧（初始访问）向右侧（影响）移动，构建一个完整的攻击序列。一种战术可能使用多种技术。例如，攻击者可能同时尝试鱼叉式网络钓鱼攻击中的钓鱼附件和钓鱼链接。

ATT&CK 导航工具是一个很有用的工具，可用于映射针对 ATT&CK 技术的控制措施。可以添加不同的层，来显示特定的检测控制措施、预防控制措施甚至观察到的行为。导航工具可以在线使用，用来快速搭建模型或场景，也可以下载下来，进行内部设置，作为一个持久化的解决方案。

ATT&CK 框架详细介绍了下列 12 种战术的中心思想，以及如何缓解和检测战术中的某些技术。

（1）初始访问。尽管 ATT&CK 并不是按照线性顺序排列的，但初始访问是攻击者在企业环境中的立足点。对于企业来说，该战术是从 PRE – ATT&CK 到 ATT&CK 的理想过渡点。攻击者会使用不同技术来实现初始访问。

例如，假设攻击者使用钓鱼附件，附件本身将利用某种类型的漏洞来实现该级别的访问，例如 PowerShell 或其他脚本技术。如果执行成功，攻击者可采用其他策略和技术来实现其最终目标。幸运的是，由于这些技术众所周知，因此有许多技术和方法可用于减轻和检测这些技术的滥用情况。

（2）执行。对手在进攻时所采取的所有战术中，应用最广泛的战术莫过于执行。攻击者在考虑现成的恶意软件、勒索软件或高级可持续威胁攻击时，都会选择执行。由于恶意软件必须运行，因此防御者就有机会检测到或阻止它。但是，并非所有恶意软件都可以用杀毒软件轻松查找到其恶意可执行文件。

此外，命令行界面或 PowerShell 对于攻击者而言非常有用。许多无文件恶意软件都专门利用了其中一种技术或综合使用这两种技术。这些类型的技术对攻击者的威力在于，终端上已经安装了上述技术，而且很少会删除。系统管理员和高级用户每天都依赖其中一些内置工具。ATT&CK 中的缓解控制措施甚至声明，这些控制措施也无法删除上述技术，只能对其进行审计。而攻击者依赖的就是终端上安装、采用了这些技术，因此要获得对攻击者的优势，只能对这些技术进行审计，然后将其相关数据收集到中央位置进行审核。

最后，应用白名单是缓解恶意软件攻击最有用的控制措施。应用白名单会降低攻击者的速度，并且还可能迫使他们逃离舒适区，尝试其他策略和技术。当攻击者被迫离开自己的舒适区时，他们就有可能犯错。但和其他技术一样，这不是解决所有问题的灵丹妙药。

如果企业当前正在应用 CIS 关键安全控制措施，该战术与 CIS 控制措施 2——软件资产库存与控制非常匹配。从缓解的角度来看，企业无法防护自己未知的东西，因此，第一步是要了解自己的财产。要正确利用 ATT&CK，企业不仅需要深入了解已安装的应用程序，还要清楚内置工具或附加组件会给企业组织带来的额外风险。在这个环节中，可以采用一些安全厂商的资产清点工具，例如青藤等主机安全厂商都会提供详细的软件资产清单。

（3）持久化。除勒索软件以外，持久化是最受攻击者追捧的技术之一。攻击者希望尽可能减少工作量，包括减少访问攻击对象的时间。即便运维人员采取重启、更改凭据等措施后，持久化仍然可以让计算机再次感染病毒或维护其现有连接。例如注册表 Run 键、启动文件夹是最常用的技术，这些注册表键或文件系统位置在每次启动计算机时都会执行。因此攻击者在启动诸如 Web 浏览器或 Microsoft Office 等常用应用时开始获得持久化。

此外，还有使用镜像劫持注入等技术来修改文件的方式，在注册表中创建一个辅助功能的注册表项，并根据"镜像劫持"的原理添加键值，使系统在未登录状态下，通过快捷键运行自己的程序。

在所有 ATT&CK 战术中，持久化是最值得关注的战术之一。企业在终端上发现恶意软件并将其删除，很有可能它还会重新出现。这可能是因为有漏洞还未修补，也可能是因为攻击者已经在此或网络上的其他地方建立了持久化。与使用其他一些战术和技术相比，使用持久化攻击应该相对容易一些。

（4）提升权限。所有攻击者都对提升权限爱不释手，利用系统漏洞达到

Root级访问权是攻击者核心目标之一。其中一些技术需要系统级的调用才能正确使用，Hooking和进程注入就是两个示例。该战术中的许多技术都是针对被攻击的底层操作系统而设计，要缓解可能很困难。

ATT&CK提出应重点防止对抗工具在活动链中的早期阶段运行，并重点识别随后的恶意行为。这意味着需要利用纵深防御来防止感染病毒，例如终端的外围防御或应用白名单。对于超出ATT&CK建议范围的权限升级，一种良好的抵御方式是在终端上使用加固基线，例如CIS基线提供了详细的分步指南，指导企业如何加固系统、抵御攻击。

应对此类攻击战术的另一个办法是审计日志记录。当攻击者采用其中某些技术时，会留下蛛丝马迹，暴露其目的。尤其是针对主机侧的日志，能够记录服务器的所有运维命令，进行存证以及实时审计。例如，实时审计运维人员在服务器上操作步骤，一旦发现不合规行为就进行实时警告，将其作为事后审计存证，也可以将数据信息对接给态势感知等产品，或者是对接给编排系统。

（5）防御绕过。到目前为止，该战术所拥有的技术是ATT&CK框架所述战术中最多的。该战术的一个有趣之处是某些恶意软件，例如勒索软件，对"防御绕过"毫不在乎。它们的唯一目标是在设备上执行一次，然后尽快被发现。

一些技术可以骗过防病毒产品，让这些防病毒产品根本无法对其进行检查，或者绕过应用白名单技术。例如，禁用安全工具、文件删除和修改注册表都是可以利用的技术。当然，监视终端上的更改并收集关键系统的日志会让入侵无处遁形。

（6）凭据访问。毫无疑问，攻击者最想要凭据，尤其是管理凭据。如果攻击者可以登录，为什么要用零日漏洞或冒险采用漏洞入侵呢？这就犹如小偷进入房子，如果能够找到钥匙开门，没人会愿意砸破窗户。

任何攻击者都希望保持一定程度的隐身，希望窃取尽可能多的凭据。他们当然可以暴力破解，但这种攻击方式噪声太大了。还有许多窃取哈希密码及哈希传递或离线破解哈希密码的事例。攻击者最喜欢的方式是窃取明文密码，明文密码可能存储在明文文件、数据库甚至注册表中。当攻击者入侵系统时，窃取本地哈希密码并破解本地管理员密码的事例并不鲜见。

应对"凭据访问"最简单的办法就是采用复杂密码。建议使用大小写字母、数字和特殊字符组合，让攻击者难以破解。最后一步就是监视有效账户的使用情况。在很多情况下，数据泄露是通过有效账户发生的。

当然最稳妥的办法就是启用多因素验证。即使存在针对双重验证的攻击，有双重验证总比没有好。通过启用多因素验证，可以确保破解密码的攻击者在访问环境中的关键数据时，仍会遇到另一个障碍。

（7）发现。发现战术是一种难以防御的策略，与洛克希德·马丁公司的网络杀伤链的侦察跟踪阶段有很多相似之处。组织机构要正常运营业务，肯定会暴露某些特定方面的内容。

最常用的是应用白名单，可以解决大多数恶意软件。此外，欺骗防御也是一个很好的方法。放置一些虚假信息让攻击者发现，进而检测到对手的活动。通过监视，可以跟踪、判断用户是否正在访问不应访问的文档。

由于用户通常在日常工作中执行操作各种技术，因此，从各种干扰中筛选出恶意活动可能非常困难。理解哪些操作属于正常现象，并为预期行为设定基准，对使用这一战术有所帮助。

（8）横向移动。攻击者在利用单个系统漏洞后，通常会尝试在网络内进行横向移动。甚至通常一次只针对单个系统的勒索软件，也会试图在网络中移动，以寻找其他攻击目标。攻击者通常会先寻找一个落脚点，然后开始在各个系统中移动，寻找更高的访问权限，以期达成最终目标。

在缓解和检测对特定技术的滥用方面，适当的网络分段可以在很大程度上缓解风险。将关键系统放置在第一个子网中，将通用用户放置在第二个子网中，将系统管理员放置在第三个子网中，有助于快速隔离较小网络中的"横向移动"。在终端和交换机级别都设置防火墙也有助于限制"横向移动"。

遵循 CIS 控制措施 14——基于"有必要才知悉"原则进行访问控制，是一个很好的切入点。除此之外，还应遵循 CIS 控制措施 4——控制管理员权限的使用。攻击者寻求的是管理员凭据，因此，严格控制管理员凭据的使用方式和位置，将会提高攻击者窃取管理员凭据的难度。此控制措施的另一部分是记录管理凭据的使用情况。即使管理员每天都在使用其凭据，但他们应该遵循其常规模式，异常行为的出现可能表明攻击者正在滥用有效凭据。

除监视身份验证日志外，审计日志也很重要。例如，域控制器上的事件ID 4769表示，Kerberos黄金票证密码已重置两次，这可能表明存在票据传递攻击。或者，如果攻击者滥用远程桌面协议，审计日志将提供有关攻击者计算机的信息。

（9）收集。收集战术是攻击者为了发现和收集实现目标所需的数据而采取的技术。该战术中列出的许多技术都没有关于如何减轻这些技术的实际指导。实际上，大多数都是含糊其词，建议应用白名单，或者建议在生命周期的早期阶段阻止攻击者。

但是，企业可以使用该战术中的各种技术，更多地了解有关恶意软件是如何处理组织机构中数据和信息。攻击者会尝试窃取当前用户的有关信息，包括屏幕上有什么内容、用户在输入什么内容、用户讨论的内容以及用户的外貌特征。除此之外，他们还会寻求本地系统上的敏感数据以及网络上其他地方的数据。

了解企业存储敏感数据的位置，并采用适当的控制措施加以保护。这个过程遵循CIS控制措施14——基于"有必要才知悉"原则进行访问控制，可以防止数据落入敌手。对于极其敏感的数据，可查看更多的日志记录，了解哪些人正在访问该数据以及他们正在使用该数据做什么。

（10）命令和控制。现在大多数恶意软件都有一定程度的命令和控制权。黑客可以通过命令和控制权来渗透数据，告诉恶意软件下一步执行什么指令。对于每种命令和控制，攻击者都是从远程位置访问网络。因此了解网络上发生的事情对于解决这些技术至关重要。

在许多情况下，正确配置防火墙可以起到一定作用。一些恶意软件家族会试图在不常见的网络端口上隐藏流量，也有一些恶意软件会使用80和443等端口来尝试混入网络噪声中。在这种情况下，企业需要使用边界防火墙来提供威胁情报数据，识别恶意 URL 和 IP 地址。虽然这不会阻止所有攻击，但有助于过滤一些常见的恶意软件。

如果边界防火墙无法提供威胁情报，则应将防火墙或边界日志发送到日志服务处理中心，安全引擎服务器可以对该级别数据进行深入分析。例如 Splunk 等工具为识别恶意命令和控制流量提供了良好的方案。

（11）数据渗漏。攻击者获得访问权限后，会四处搜寻相关数据，然后开始着手数据渗透。但并不是所有恶意软件都能到达这个阶段。例如，勒索软件通常对数据逐渐渗出没有兴趣。与收集战术一样，该战术对于如何缓解攻击者获取公司数据，几乎没有提供指导意见。

在数据通过网络渗漏的情况下，建立网络入侵检测或预防系统有助于识别何时传输数据，尤其是在攻击者窃取大量数据的情况下。此外，尽管数据泄露防护系统成本高昂、程序复杂，但可以确定敏感数据何时会泄露。入侵检测系统、入侵防御系统和数据泄露防护系统都不是 100% 准确的，部署一个纵深防御体系结构可确保机密数据保持机密。

如果企业组织要处理高度敏感的数据，那么应重点关注限制外部驱动器的访问权限，例如 USB 接口，限制其对这些文件的访问权限，即禁用装载外部驱动器的功能。

要正确地应对这个战术，首先需要知道企业组织的关键数据所在的位置。如果这些数据还在，可以按照 CIS 控制措施 14——基于"有必要才知悉"原则进行访问控制，来确保数据安全。之后，按照 CIS 控制措施 13——数据保护中的说明，了解如何监视试图访问数据的用户。

（12）影响。攻击者试图操纵、中断或破坏企业的系统和数据。用于影响的技术包括破坏或篡改数据。在某些情况下，业务流程可能看起来很好，但可能已经更改为有利于对手的目标。这些技术可能被对手用来完成他们的最终目标，或者为机密泄露提供掩护。

攻击者可能破坏特定系统数据和文件，从而中断系统服务和网络资源的可用性。数据销毁可能会通过覆盖本地或远程驱动器上的文件或数据使存储的数据无法恢复。针对这类破坏可以考虑实施"IT灾难恢复计划",启动还原组织数据的常规数据备份进程。

3.3 网络攻击典型场景

随着信息技术的不断发展,网络攻击的方式和形态也在不断变化。根据不同的攻击目的、攻击对象和攻击手段,攻击者实施的网络攻击活动存在很大差异。下面将重点介绍三种具有代表性的网络攻击活动,即摆渡攻击、诱骗攻击、钓鱼攻击。

3.3.1 摆渡攻击

在军事信息网络场景下,军网作为内部网络,与互联网之间采取了物理隔离措施。摆渡攻击是攻击者在物理隔离的网络之间,尝试通过建立"一条摆渡的船"对内部网络信息系统实施攻击的一种重要手段。这条"船"通常就是U盘、移动硬盘或者可刻录光盘等移动存储介质。以U盘为例,攻击者实施摆渡攻击的主要步骤依次如图3-3、图3-4和图3-5所示。如果攻击者以移动硬盘、可刻录光盘等移动存储介质为"船"来实施摆渡攻击,其原理和步骤也与之基本类似。

(1) 当U盘插入外网时感染了摆渡木马,该木马就隐藏在U盘中(如图3-3所示)。

图3-3 攻击者实施摆渡攻击基本原理(1)

（2）当将从外网下载到 U 盘的资料转存至内部网络时，U 盘中的木马发作并感染内部主机，该木马隐蔽地收集内部主机中的敏感文件并隐蔽地存储在 U 盘中（如图 3-4 所示）。

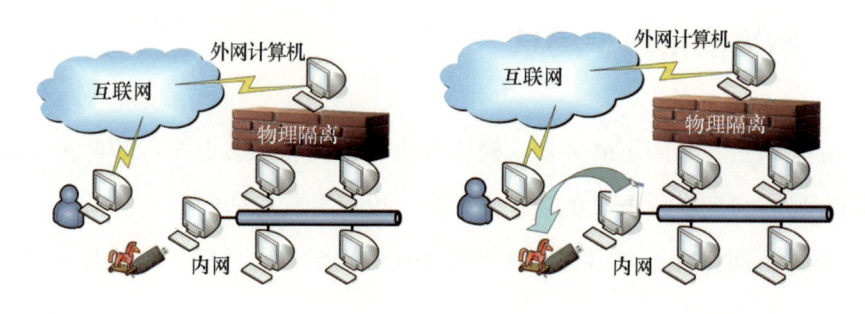

图 3-4　攻击者实施摆渡攻击基本原理（2）

（3）当该 U 盘再次插入外网时，木马将敏感信息复制到外网主机上，并通过外网发送给攻击者，从而导致内网信息泄露（如图 3-5 所示）。

图 3-5　攻击者实施摆渡攻击基本原理（3）

3.3.2　诱骗攻击

在军事内部网络，针对特定人的邮件实施诱骗攻击，效果较为显著。邮件诱骗攻击是典型的主机攻击实例。攻击者以网络诱骗结合木马等恶意代码作为主要攻击手段，对防护方网络信息系统实施渗透攻击。主要步骤是：

（1）攻击者通过侦察探测掌握防护方某些用户的基本信息，有针对性地构造带有诱骗内容的电子邮件，并在电子邮件中夹带恶意代码。攻击者伪装身份，将构造好的电子邮件通过电子邮件服务器发送给防护方的部分用户（如图 3-6 所示）。

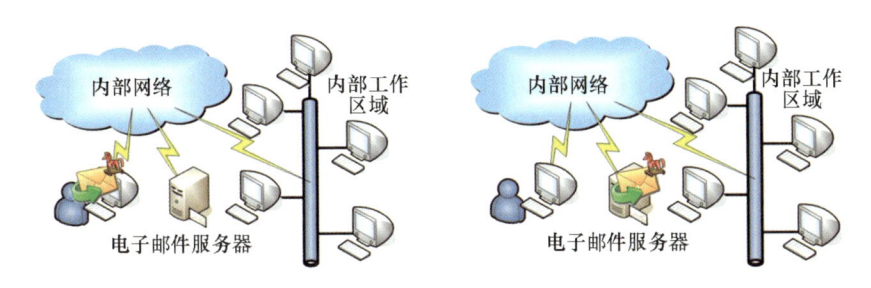

图 3-6 邮件诱骗攻击基本原理（1）

（2）当用户在查阅该电子邮件时，攻击者就有可能利用阅读软件（如 Word、WPS 等文字处理软件或者 PowerPoint 等演示文稿编辑软件）的漏洞，将邮件中夹带的恶意代码植入用户的计算机。随后，攻击者就可以利用植入的恶意代码控制防护方主机，窃取情报（如图 3-7 所示）。

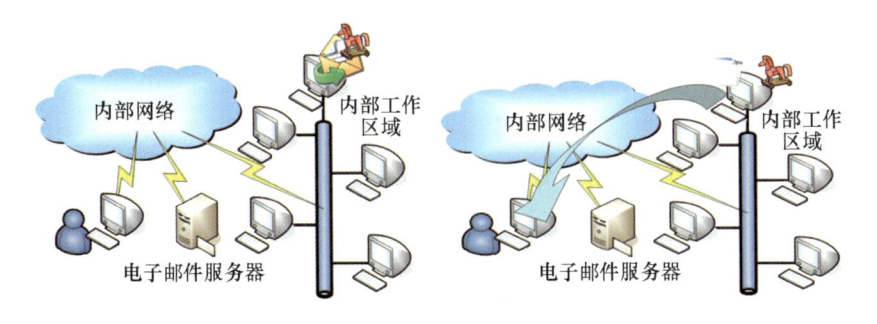

图 3-7 邮件诱骗攻击基本原理（2）

3.3.3 钓鱼攻击

钓鱼邮件攻击是指黑客伪装成用户信任的人，通过发送电子邮件的方式，诱使用户点击恶意链接或者打开附件，进而窃取用户信息或者执行恶意代码。钓鱼邮件攻击有以下几种主流方式：

（1）邮件正文插入恶意链接：链接后面是一个伪造的网站，可能是一个恶意程序下载链接或者一个伪造的登录口等。

（2）邮件附件藏毒：附件中包含木马或者间谍程序，一旦用户打开就会被感染。

（3）利用软件漏洞攻击：利用用户电脑上软件存在的漏洞，通过邮件发送特制的文件或者代码，触发漏洞执行恶意操作。

（4）利用邮件协议漏洞攻击：利用 SMTP、POP3 等邮件协议存在的漏洞，进行爆破、伪造、嗅探等攻击。

（5）邮件发件人身份"伪造"：利用社会工程学手段，伪装成同事、合作伙伴、朋友、家人等用户信任的人发送虚假信息或者诱导性语言。

钓鱼邮件攻击有很多典型案例，例如，2022 年 5 月，攻击者利用 AZORult 对德国车企进行广撒网式钓鱼邮件攻击。具体而言，就是伪装成汽车经销商向汽车制造商发送钓鱼邮件，在邮件中附带伪装成汽车发票的恶意载荷，该恶意载荷执行后会下载 AZORult 木马，窃取用户的敏感信息。2022 年护网期间，攻击者利用社会工程学手段，伪装成某部队的指挥员向其他部队发送钓鱼邮件，在邮件中附带一个恶意的 Word 文档，该文档利用 CVE–2017–11882 漏洞执行恶意代码，并下载一个远控木马。2021 年 8 月，攻击者利用 Gophish 工具制作虚假登录页和电子邮件内容，向目标用户发送钓鱼邮件，在邮件中放入一个恶意诱导链接等待用户点击，链接后面是一个伪造的登录页面，用户一旦输入了账号密码，就会被记录并发送到攻击者的服务器。

3.4 网络对抗发展趋势

近年来，随着以互联网为代表的民用网络基础设施、信息系统及其连接的关键业务网络的发展，尤其是随着网络信息技术的应用，网络对大规模社会人群的心理活动、思维方式和意识形态等产生越来越重要的影响，在政治、经济、科技、社会和意识形态等诸多领域都出现了一系列耐人寻味、发人深省的全新网络对抗活动。例如，在 2010 年，目标指向性极为明确的、对工业控制系统进行破坏的"震网"蠕虫重创伊朗的核设施，成为全球首个公开报道的使用计算机网络攻击的方式破坏物理设备的代表性案例，被认为是打开了可以通过网络对抗来影响和破坏现实世界物理空间的"潘多拉之盒"。俄乌冲突中网络对抗的运用，表明了网络战成为混合战的重要组成部分。

在一系列渗透与反渗透、颠覆与反颠覆事件中，基于网络社交媒体的对抗活动，对公共安全、国家安全乃至国际社会的稳定都造成了极为严重的危害，已经清晰地表明相对抽象的认知空间和社会空间也正日益成为网络对抗的重要战场。

3.4.1 高级持续威胁成为网络攻击的常态

高级持续威胁（advanced persistent threat，APT）是一种针对特定目标开展的网络攻击方式，其特点是攻击者往往利用先进的工具和技术，长期持续性地深度入侵目标受害系统，窃取机密数据，并且持续性地对目标进行监视和控制。APT攻击通常由具备强大资源和专业技能的攻击者发起，大都采用多种攻击手段，例如零日漏洞、钓鱼邮件、自定义恶意软件以及高级的社会工程学技巧等，这些往往会长期存在于目标网络中，进行渗透、侦察和数据收集，以获取更多信息和权限，并维持其攻击活动。APT攻击大都采用了较为高级的隐蔽技巧，很难被检测出来，同时，攻击者往往不断改变其攻击方式，以避免被发现。

APT攻击具有高危险性、目标性、持续性和隐蔽性的特点。高危险性是指发起APT攻击的黑客团队或组织通常具有极高的网络空间对抗技能和较强的技术、经济、军事方面的资源支持，在长期持续的攻击过程中，他们通常能够成功窃取目标的关键数据和情报，发起勒索、破坏甚至毁灭性的攻击行动。目标性是指APT攻击通常是有目的性的，在发起攻击之前，攻击者会对目标进行详细的侦察和监视，以了解目标的结构和系统，以便更好地进行攻击。攻击者通常会选择目标系统的弱点进行攻击，以达到其攻击目的。持续性是指攻击者会长时间深度入侵目标系统，窃取机密数据并且持续性地对目标进行监视和控制。隐蔽性是指攻击者通常利用自定义恶意软件、零日漏洞、社会工程学技巧等手段将攻击痕迹及时清除或避免留下痕迹，以尽可能长时间地保持对目标系统的控制。随着人工智能的发展及应用，具有强技术优势的 APT 攻击者使用大模型技术研制的自适应恶意软件能够根据攻击目标场景进行变化，一次攻击使用一种恶意软件形态的方式大大降低了攻击检测的成功率。

攻击水平的提高迫使防御技术不断改进，又促使攻击技术的提升。随着网络对抗技术的持续演进，当前，APT 攻击成为网络攻击的常态。2022 年，国家计算机病毒应急处理中心报道了西北工业大学遭受网络攻击的细节，从中可以窥见当前发生的 APT 攻击形态。

• **典型案例**

－西北工业大学遭受美国国家安全局网络攻击事件－

2022 年 6 月 22 日，西北工业大学发布公开声明称，该校遭受境外网络攻击。中国国家计算机病毒应急处理中心和 360 公司通过技术分析，先后从西北工业大学的多个信息系统和上网终端中提取到了木马程序样本，综合各类数据资源和分析手段，全面还原了攻击事件的总体概貌、技术特征、攻击武器、攻击路径和攻击源头，初步判明攻击活动源自美国国家安全局的特定入侵行动办公室（Office of Tailored Access Operation，TAO）。

TAO 对他国发起的网络攻击技战术针对性强，采取半自动化攻击流程，单点突破、逐步渗透、长期窃密。首先，TAO 采用单点突破、级联渗透的方式，逐步控制了西北工业大学网络。TAO 经过长期的精心准备，使用"酸狐狸"平台对西北工业大学内部主机和服务器实施中间人劫持攻击，部署"怒火喷射"远程控制武器，控制多台关键服务器。利用木马级联渗透的方式，向西北工业大学内部网络深度渗透，先后控制运维网、办公网的核心网络设备、服务器及终端，并获取了部分西北工业大学内部路由器、交换机等重要网络节点设备的控制权，窃取身份验证数据，并进一步实施渗透拓展，最终达成了对西北工业大学内部网络的隐蔽控制。然后，TAO 以隐蔽驻留、"合法"监控的方式，窃取了西北工业大学网络的核心运维数据。TAO 将作战行动掩护武器"精准外科医生"与远程控制木马 NOPEN 配合使用，实现进程、文件和操作行为的全面隐身，长期隐蔽控制西北工业大学的运维管理服务器，同时，采取替换 3 个原系统文件和 3 类系统日志的方式，消痕隐身，规避溯源。TAO 先后从该服务器中窃取了多份网络设备配置文件。利用窃取到的配置文件，TAO 远程"合法"监控了一批网络设备和互联网用户，为后续对这些目标实施拓展渗透提供数据支持。接下来，TAO 搜集身份验证数据、构建通道，向基础设施进行逐步渗透。TAO 通过窃取西北工业大学运维和技术人员远程业务管理的账号口令、操作记录以及系统日志等关键敏感数据，掌握了一批网络边界设备账号口令、业务设备访问权限、路由器等设备配置信息、FTP 服务器文档资料信息。根据 TAO 攻击链路、渗透方式、木马样本等特征，关联发现 TAO 非法攻击渗透中国境内的基础设施运营商，构建了对基础设施运营商核心数据网络远程访问的"合法"通道，实现了对中国基础设施的渗透控制。最后，TAO 控制了重要业务系统，实施了用户数据窃取。TAO 通过掌握的中国基础设施运营商思科 PIX 防火墙、天融信防火墙等设备的账号口令，以"合法"身份进入运营商网络，随后实施内网渗透拓展，分别控制相关运营商的服务质量监控系统和短信网关服务器，利用"魔法学校"等专门针对运营商设备的武器工具，查询了一批中国境内敏感身份人员的信息，并将用户信息打包加密后经多级跳板回传至美国国家安全局总部。

TAO 此次窃取的西北工业大学和中国运营商的敏感信息种类繁多，且历时较久。TAO 通过在西北工业大学运维管理服务器安装嗅探工具"饮茶"，长期隐蔽嗅探窃取远程业务管理账号口令、操作记录等。嗅探的网络设备类型包括固定互联网的接入网设备（路由器、认证服务器等）、核心网设备（核心路由器、交换机、防火墙等），以及通信基础设施运营企业的重要设备（数据服务平台等），内容包括账号、口令、设备配置、网络配置等信息。在实施数据信息窃取的过程中，TAO 尽力隐藏踪迹，借助日本、德国等国家的代理服务器，通过攻击跳板侵入西北工业大学运维网络服务器，采取级联控制内网监控管理服务器，窃取的数据包括运行日志、配置、服务器系统信息文件等。

TAO 利用窃取到的网络设备账号口令，以"合法"身份进入中国某基础设施运营商服务网络，控制相关服务质量监控系统，窃取了大量用户隐私数据，并通过跳板机将数据打包窃走，并使用自定义的高级专用工具将窃密过程使用的渗透工具、用户数据等攻击痕迹全部快速清除。

据分析，TAO 以上述手法，利用相同的武器工具组合，"合法"控制了全球不少于 80 个国家的电信基础设施网络。中国技术团队与欧洲和东南亚国家的合作伙伴通力协作，成功提取并固定了上述武器工具样本，并成功完成了技术分析，拟适时对外公布，协助全球共同抵御和防范美国国家安全局的网络渗透攻击。

3.4.2 网络对抗武器向自动化智能化快速发展

随着人工智能技术的快速发展，特别是以 ChatGPT 和 GPT-4 为代表的大语言模型的出现，人工智能技术进入新的发展阶段，人工智能将向多个技术领域深度融合渗透。可以预见，对现有网络对抗武器装备进行自动化智能化赋能，将极大提升其作战效能。例如漏洞的智能化挖掘和利用就将极大提升发现零日漏洞的速度，使得研制具有高度自主能力的网络空间作战机器人成为可能。同时，人工智能技术和系统本身作为网络对抗的目标，也将进一步引起人们的高度重视，新一代网络对抗争夺的焦点将从制信息权转向制智能权。

3.4.3 网络攻击从信息域拓展到其他域

传统意义上的网络攻击面向网络信息系统的保密性、完整性、真实性和可用性，以计算机和计算机网络为主要攻击目标。上述这些源自计算机网络，进而还可能对现实世界产生深远影响。而依托各种信息网络在意识形态领域开展的网络对抗活动,集中反映了新时期网络对抗的显著特点,即网络对抗的作战空间已经由相对独立的计算机网络逐步拓展到了整个信息作战的战场空间——网络电磁空间。

在面向网络空间的对抗活动中,无论攻击是针对个人、企业或者组织,还是针对国家乃至国际社会,都有可能在一定程度上表现出类似的发展趋势,即网络攻击活动将逐步超越虚拟的、以计算机网络为基础的信息空间,不断延伸到计算机网络可以连接并产生影响的物理空间、认知空间和社会空间。这也意味着,实施网络对抗的基本形式也会由传统意义上对网络信息系统的安全属性进行破坏,逐步转变为合理地对不同类型的信息网络实现破坏与利用相并重,以达成预期的作战意图。此时,各种类型的信息基础设施、信息系统以及信息,可能将不再仅仅是被攻击的对象,而是会日益成为实施攻击的必要手段和重要途径。

在过去很长时期、很多场合,"攻击网络"和"利用网络,通过网络实施攻击"经常被混为一谈,破坏目标网络往往被认为是网络对抗的代名词。这种认识上的差异所导致的严重问题,就是通过合理地利用信息网络,尤其是利用目标的互联网环境并面向其背后广袤的物理世界、认知空间和社会空间实施的网络对抗活动,其潜在的军事价值和战略意义在很大程度上还有待继续深入发掘。

• **典型案例**

- 乌克兰大停电事件 -

2015 年 12 月 23 日下午,乌克兰境内的电力网络受到大范围网络攻击,导致位于乌克兰西部的伊万诺-弗兰科夫斯克地区数十万户居民遭遇了一次长达数小时的大规模停电。事后,乌克兰的 Kyivoblenergo 电力公司表示其遭到一款名为"黑暗力量"恶意病毒的网络入侵,导致 7 个 110 kV 的变电站和 23 个 35 kV 的变电站出现故障,从而导致乌克兰部分地区大面积停电。

根据事后的调查分析,针对乌克兰电力公司的这次网络攻击中,攻击者首先通过网络钓鱼邮件欺骗诱导电力公司员工下载并启用携有"黑暗力量"病毒的文件，最终获得了电力公司主控电脑的控制权。紧接着，攻击者远程操作恶意软件将电力公司的主控电脑与变电站断连，切断电源。随后，攻击者使用 KillDisk 擦除入侵痕迹、覆盖 MBR 和部分扇区等方式进行数据破坏，使得电力公司的电脑大范围瘫痪，致使电厂工作人员无法立即进行电力维修工作，从而导致在发生大停电后无法迅速恢复。另外，在破坏电脑系统的同时，攻击者还对电力公司的客服中心远程发起拒绝服务 DoS 攻击，干扰售后等电话通信，防止电力公司提前得知断电消息。

在本次乌克兰大停电事件中，电力公司的监控管理系统也遭受到攻击者入侵，至少有 3 个电力区域被攻击，全国超过一半地区的近 140 万居民家中停电数小时。直至电力公司的技术人员将系统改为手动操作，又到各地变电站手动重设了断路器之后，供电才陆续恢复正常。此次大停电，对寒冬中的乌克兰国计民生造成了严重影响。

在本次事件过去近一年后，2016 年 12 月 17 日，在乌克兰又发生了第二起停电事件。乌克兰国家电网运营商 Ukrenergo 的网络中也被植入了一种被称为 Industroyer 或 Crash Override 的恶意软件。利用已经部署好的恶意软件，攻击者破坏了乌克兰首都基辅附近一个传输站的所有断路器，从而导致首都大部分地区断电。这次停电持续了数十分钟的时间，受影响的区域是基辅北部及其周边地区。

3.4.4 网络战成为混合战的重要作战样式

随着信息技术的快速发展，战争形态进入了一个新阶段。混合战的概念应运而生。混合战是指利用多种军事手段、多种战斗形式和多种力量手段，集中力量全方位打击敌人，实现全方位、多层次、立体化的战争方式。混合战是一种综合性的战争形态，既包括传统的战争手段，如陆战、海战、空战、核战等，也包括非传统的战争手段，如信息战、网络战、心理战等。混合战是当今战争形态多样性和综合性的体现，也是现代战争的一种重要特征。

构建在信息技术之上的网络信息系统成为现代社会的重要基础设施，以计算机及网络信息系统为打击目标的网络战成为现代战争的重要组成部分。随着信息技术的迅速发展，网络战也将成为未来混合战争中不可或缺的作战样式。同时，网络战也给国际社会带来了新的安全挑战，需要各国共同努力来应对。

• 典型案例

– 俄乌冲突中的网络战 –

2022年2月24日，俄罗斯在顿巴斯地区发起特别军事行动，俄乌冲突全面爆发。据报道，早在行动发动之前，双方的网络战就已经展开，现代网络战正式走上历史舞台。

俄乌冲突是一场新型的网络信息全面战、综合战，在俄乌物理空间战场之外，多方势力在网络空间这个战场上进行激烈的较量，除了有直接的网络攻击引起系统瘫痪或数据损毁，还有网络信息战对舆论的影响与争夺。网络战也对物理空间战场造成了重要影响，通过攻击对手的政府、军事、银行等关键目标，造成系统瘫痪或数据损毁，严重削弱对手协同作战的能力。此外，网络战对舆论空间、国际法律和规范等都造成了重要影响。

俄乌冲突中的网络空间作战是历史上首次公开、大规模的网络战，为现代网络战做了详细的注脚。连续不断的针对关键信息基础设施的网络攻击与海、陆、空物理袭击同时袭来，没有硝烟的网络战成为现代混合战的重要组成部分。

3.5 美军网络战力量建设

美军在网络战方面一直保持着较高的技术水平。美军拥有先进的网络攻防技术和装备，并不断进行技术升级和人才培养，能够实现网络空间的精确打击和反制。美军通过网络侦察手段获取大量情报信息，运用大数据技术对信息进行处理和分析，大大提高了情报工作的效率和准确度。同时，美军建立了完备的网络战指挥控制体系，能够对网络战斗力进行有效的协同和指挥，实现网络空间的有效控制和利用。此外，美军还拥有网络特种作战能力，能够执行网络渗透、黑客攻击、网络侦察等任务，提高了在网络战中的作战能力和战略优势。美军长期注重网络作战力量的建设，在网络攻防技术创新、人才培养、装备发展等方面不断投入并进行持续改进。

形成任何一种高技术含量的作战能力，都要历经技术突破、装备形成、部队建设、条令制订、模拟训练、实战检验等一系列发展阶段。网络对抗尤其是网络攻击能力的建设与发展，也相应地遵循这个客观规律。

图3-8为美军网络对抗能力建设的重大事件脉络。实际上，美军早在1996年就开始在信息作战条令中考虑网络对抗的内容，并以之为指导不断地发展相关的技术装备。而随着技术装备的不断成熟，美军又从部队编制、政策条令制订等方面积极推进网络对抗能力的建设。其中最具标志性的条令法规是分别于1998年和2003年制定颁布的《联合信息作战条令》（JP3－13）以及《信息作战路线图》，并于2006年解密了《信息作战路线图》，修订再版了《联合信息作战条令》（JP3－13）。无论是在1998年版还是在2006年版的《联合信息作战条令》中，主要依托计算机网络而开展的各种网络对抗活动，都被美军视为信息作战的最核心能力之一。

3.5.1 体制编制建设

在体制编制方面，美军从海、陆、空各军种独立发展网络对抗部队，不断向联合、统一指挥方向转变，标志性的事件是2002年在战略司令部下成立网络对抗联合构成司令部，并在2009年将该司令部升级为网络司令部。美国国防部在2009年1月公布的首份《四年任务使命评估报告》中，将网络空间与非正规作战、战区空运、无人机并列为优先发展的四大重点领域，从技术研发上继续给予高度关注和经费支持。美国2015财年预算显示，网络司令部

第 3 章
网络对抗

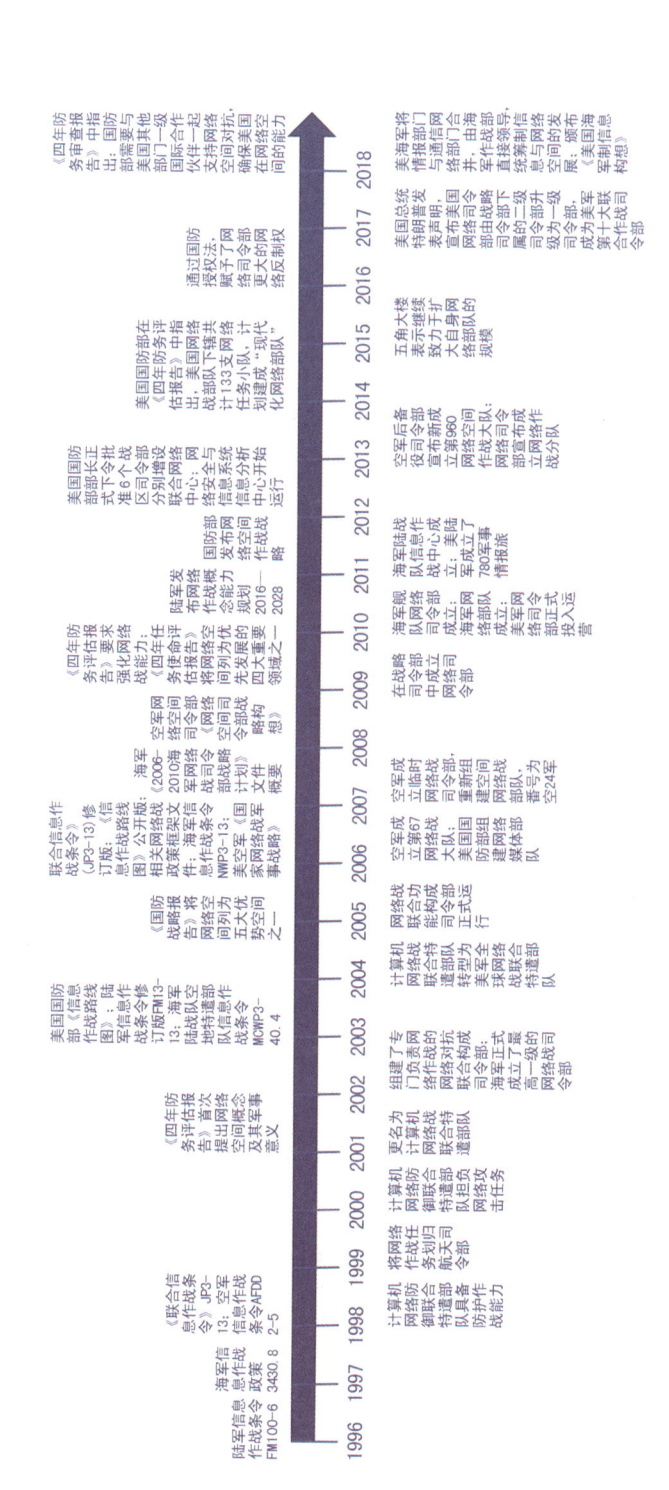

图3-8 美军网络对抗能力建设的重大事件脉络

预算为 5.1 亿美元，五角大楼表示将继续致力于扩大自身网络部队的规模，以提升美国在网络安全领域的能力。

在部队规模方面，美军大幅扩编网络作战力量，并重点发展战术级网络作战部队。标志性的事件是 2011 年，美陆军成立了美军第一支旅级网络战部队——780 军事情报旅。2013 年，网络司令部宣布美军计划三年内成立 100 多支"营"或"中队"规模的网络作战分队。2014 年，美国国防部在《四年防务评估报告》中提到，美国网络战部队正式被命名为"网络任务军"，其下辖作战部队包括 13 支国家任务小队、8 支国家支援小队、27 支作战任务小队、17 支特种作战支援小队、18 支国家网络防御小队、24 支国家网络防御维护小队、26 支作战指挥与国防部信息网络防御小队，总计 133 支网络任务小队，建成"现代化网络部队"。

3.5.2 作战方式转变

在作战方式方面，网络部队的任务也从网络防御为主逐渐向网络进攻转变，从分散作战逐渐向跨区域联合作战转变，打造全方位一体、攻防兼备的网络作战力量。标志性的事件是 2016 年，美国通过国防授权法，赋予了网络司令部可以主动发起网络攻击的权力。2017 年，时任美国总统特朗普发表声明，宣布美国网络司令部由战略司令部下属的二级司令部升级为一级司令部，成为美军第十大联合作战司令部。

经过多年的发展，在网络对抗武器装备，尤其是进攻性网络对抗武器的研制方面，美军已经拥有体系完备、技术先进的装备系列，具备了强大的网络侦察和网络攻击能力。

据分析，在网络侦察方面，美军采用一系列无线监听、网络监听、搭线监听装备（如"田鼠"侦察装置）来获取敌方的通信内容；采用网络分析工具、网络安全扫描工具等来获取目标网络的漏洞信息。

在网络攻击方面，美军已具有较强的网络欺骗、破坏与摧毁能力，拥有远远超出现有病毒检测能力的数千种计算机病毒、网络嗅探等软杀伤武器，以及可对计算机及网络"肌体"进行破坏的硬杀伤武器。除应用于互联网的网络攻击装备之外，美军还研制和装备了大量的战场网络对抗装备，其中相当一部分已经在伊拉克、阿富汗等战场得到使用。同时，美军在现有网络攻击技术的基础上，不断提高网络攻击的自动化程度和攻击速度，网络攻击手段更为复杂多样，以最终实现在战术、战役、战略层面上定点定向的精确打击和规模打击。美军网络攻击技术的一个重要发展趋势，是进一步发展与电子对抗协同的网络攻击技术。美军认为，随着无线网络的不断发展及计算机与射频通信的一体化整合，网络对抗与电子对抗在作战行动和作战能力之间已无明确界限，可以通过协同作战达到最大作战效能。

第 4 章
网络心理战

随着现代信息技术的快速发展，网络空间已经成为人类第二个活动空间，成为信息攻防的主战场，是信息化战争中的最大变量，更是创新跨越的最大增量。在网络空间作战中，网络心理战已经成为一种可靠、有效、投入少、影响大的新型作战样式，它打破了以往敌对双方以兵力血战争夺领土疆域控制权的传统，通过网络空间进行激烈的心理较量，以极小的附带损伤达到"不战而屈人之兵"的目的。

4.1 网络心理战内涵与概况

1991 年发生的海湾战争，是以美国为首的多国部队实施的人类有史以来充分体现高新技术威力的现代化战争，它如同一把无形的利剑撕开了伊拉克号称固若金汤的防御体系，这也使海湾战争成为第二次世界大战后规模最大、投入新式武器最多、技术水平最高的局部战争。这场战争同时也揭开了网络心理战的序幕，使网络心理战作为一种重要的作战样式走上了战争舞台。

4.1.1 网络心理战的内涵特征

1. 内涵

网络心理战，是指运用心理学原理，以计算机网络为心理战信息传播载体，发布心理战信息，使敌方军队士气瓦解，使敌方民众对当局不信任，同时鼓舞己方军队士气和对己方民众进行教育，以支持己方信息进攻与信息防护军事行动的作战方式。从更宽泛的层面理解，网络心理战是利用计算机网络作为心理战信息的传播载体，在该载体上发表的内容涉及一切与战争相关的社会、政治、经济、文化、军事等领域，采用传送示假信息，误导预定人群，介入对方数字空间，不同程度地操纵媒体等，对心理战对象进行信息威慑、控制、垄断、蛊惑、欺骗等，从而达到干扰对方正常的社会秩序、军事准备、军事实施，以及使对方民众丧失对政府的信心之目的。在计算机网络广泛运用于政治、经济、军事等领域的情况下，对网络的任何攻击和干扰，都有可能打击敌国的意志、干扰指挥员的信心、动摇士兵军心，产生强大的心理作战效应。

2. 特征

网络心理战具有与传统心理战明显不同的高技术化特征，具体表现在以下四个方面：

（1）手段多样化。随着电子技术的快速发展与网络融合，互联网、电信网、关键业务网、军事信息网和天基网等都可以成为网络心理战的载体。网络心理战的作战手段不断丰富，采用宣传、恫吓、欺骗、诱惑、收买、威慑等方法，从政治、经济、文化、军事等各个方面影响人的意识和情感。既可以政府、军队的名义发布各种信息，也可以个人身份表达自己的意愿；既可对军人实施心理攻击，也可扩大心理打击范围，对平民百姓施加心理影响。

（2）虚拟欺骗性。在网络空间，可以模拟或虚拟各种心理战内容。利用多媒体合成技术，对不同影视画面的景象、人物等进行剪辑和拼组，可以制造出颠倒是非、以假乱真的画面（事件）。运用虚拟现实技术，可以生动展现高新武器装备的巨大破坏力和战争中的可怕场面，通过在网络上传播虚拟景象信息，引起攻击对象的心理恐慌，引发社会混乱，产生巨大的心理震撼作用。

（3）超越时空性。由于网络的普及以及越来越多的信息载荷，网络心理战在作战领域上突破了传统的军事斗争界限，扩大到政治、经济、外交、文化等各个领域，在作战空间上跨越了国家、地域，突破了前方与后方、战区与非战区的界线，呈现出一体化态势；在作战时间上摆脱了时间的限制，不论是和平时期还是战争时期，随时随地都可能发生，能真正做到全天候、全天时、全方位地进行。

（4）作战广泛化。网络空间的触角伸向了社会的各个领域，成为现在和未来信息社会的联络纽带。心理攻击的民众化，使目标进一步拓展，网络心理战的范围不断扩大。由于心理战的作战目标亦军亦民，而有时对平民的攻击效果远远大于对军队的攻击效果。因此，这种攻击将广泛涉及社会的各个领域，直接影响到国家的政治、经济、社会秩序和广大民众的切身利益。

4.1.2 网络心理战的运作机理

随着互联网的普及和网络通信技术的迅速发展，网络心理战已经发展成为新的作战样式，并不断走向现代战争前台。网络心理战主要运作机理包括以下五个方面。

1. 网络赋能机理

网络赋能是指借助网络载体或平台，提升作战效能。网络心理战借助的是网络信息能，通过网络使心理战信息传播速度加快。譬如心理战媒介信息的推送时间由传单、报纸、广播等过去的十几天、几天到网络传播的十几秒、几秒。网络平台能够有效减少传统方式所需的信息搜集、分析研判、排版印刷、发行投送的时间与成本。传统心理战方式在网络平台上集成使用，充分调动对方听觉、视觉等多种感觉通道，使心理战效能得到极大增强，从而为心理战拓展了更大战场。

2. 网络渲染机理

网络渲染是指通过多通道的网络传播，使网络信息变形、夸张，以加强网络宣传的效果。在网络环境下，网络通道具有一对多、多对多复杂的传播路径，同时网络中人人都可成为信息的发布者或接收者，任何用户都可以在网络服务平台上开展相应的信息收发行为，这样一个看似个体的行为或现象，使得信息迅速传播开来，从而形成网络传播的"渲染效应"。当前，网络自媒体等新兴媒体被越来越多地运用，实现了即时交流和网络互动，网上信息源头和传播渠道急剧增多，通过网络特定的树状、链状、网状的立体化的信息发布和传播模式，影响范围进一步拓展，大大增强了网络渲染效应。美军网络心理战深谙此道，在伊拉克战争中为"倒萨"创造有利的舆论环境，不遗余力地编织各种借口和罪名抨击萨达姆政权，极大地损害了萨达姆的国际形象，干扰了其他国家与伊拉克的正常交往。

3. 网络靶向机理

网络靶向是指通过数据挖掘与分析技术探测目标对象的心理特点和需求，通过网络一对一、多对一等形式的传播途径，向作战对象定向推送特制的心理战信息，以实现精确打击的效果。传统的心理战方式往往受战场环境条件的限制，很难实现精确化，而网络心理战可以根据心理战的目的和需求，准确地预先判断出心理战对象的通信方式（如IP地址、邮箱、手机号码）、个人资料（性别、年龄、家庭情况等）、网络习惯（内容偏好、逗留时间、深度信息等）以及心理特征和个性倾向（兴趣、爱好、价值观等），生成针对性极强的心理战信息，借助网络推送给特定作战对象，实现"点对点"的精确心理攻击。

• 经典案例

— 美军入侵海地的网络心理战 —

1991年9月29日，海地武装部队总司令拉乌尔·塞德拉斯发动军事政变，刚刚任职数月的阿里斯蒂德总统被捕，而后在美国等国家干预调停下流亡国外。1994年9月19日，美国军队进入海地，与此同时，五角大楼运用电子邮件对海地军人政权发动了一场心理战，美国陆军第四心理战大队根据调查研究，把海地居民分成若干个目标群，有针对性地向他们发送亲阿里斯蒂德电子邮件，促使被废除的阿里斯蒂德复位。10月15日，阿里斯蒂德返回海地执政。

4. 网络流变机理

网络流变是指个体或群体的思想、态度在长期的网络信息环境，特别是虚拟环境下会产生一种"渐变"。由于网络环境下传统"信息围墙"的弱化，常用的信息控制手段失灵，一些信息可以突破国家和政府的网络监控得以传播。同时由于网络环境中话语权没有绝对的中心，权威的意志得到消解，用户可以自由、公开地发表自己的意见或评论，网络上匿名、无政府、碎片化的网络信息难以追查其真实来源和核实其可靠程度，这也使得个体或群体的认知和判断走形。近年来，西方国家往往借助其网络优势进行政治渗透，打着所谓民主、自由、平等的旗号，大力进行政治宣传和思想输出，同时利用"网络大V"或意见领袖推波助澜，妄图改变他国政治制度和意识形态，对他国的政治安全与社会稳定构成严重威胁，其中利用的就是网络流变机制。

5. 网络黑客机理

网络黑客机理是指在网络环境下，利用对方计算机系统和网络的缺陷和漏洞，入侵、渗透或分布式攻击对方计算机与网络系统，改变对方计算机网络系统的功能，误导对方的决策或指挥控制。常见的黑客攻击包括向对方网络链路发送大量无效信息，占用对方网络资源，使其网络出现信息拥塞；伪装成对方网络的合法成员进入对方网络，在掌握对方战场态势、作战计划、指挥控制指令、作战平台实时位置等情况下，利用窃取的身份信息下达指令，从而影响对方；通过向对方网络植入恶意程序代码，发送干扰性或破坏性信息，使对方产生错觉，导致做出错误判断和决策。据报道，2016 年美军曾对"伊斯兰国"极端组织尝试发动称之为"网络炸弹"的新式攻击，用以破坏该组织的新成员招募、指示下达和日常运作等活动。

4.1.3 网络心理战的作战任务

在网络空间作战行动中，网络心理战力量主要担负四项作战任务。

1. 提供情报信息支持

获取主要对象国、地区及军队网络空间对抗战略性、预警性和行动性信息，跟踪掌握敌对我实施网络空间意识形态渗透破坏的方法手段和特点规律，分析敌官兵对网络信息的认知特点和真实感受，为有效开展网络心理战提供情报信息，及时研究制定有效应对措施。

2. 组织网络舆情监控和引导

对网上敏感信息实施有效监控，掌握其实施意识形态渗透策略方法，关注发展变化趋势，评估可能产生的影响和危害，提出针对性对策建议；传播意识形态和价值理念，揭露敌对势力反动宣传企图。

3. 实施网络心理进攻和防护

组织开展网络攻心宣传，瓦解敌官兵抵抗意志；对敌网络实施干扰封堵，遏制敌网络攻心活动；散布欺骗迷惑信息，干扰敌作战部署和行动；开展敌情教育，揭露敌网络欺骗宣传，控制有害信息传播，提高官兵网络防护意识，筑牢思想心理防线。

4. 争取第三方支持

配合国家政治外交斗争，利用联络系统特有方法手段，争取中立国家、国际和地区组织等对我作战行动的理解和支持，为网络空间对抗提供迂回渠道、创造便利条件；利用与美、俄等国民间友好交往和国际网络安全学术交流，宣传政治理念，扩大话语权，推动制定有利于我的网络安全法规，约束敌对势力网络攻击行动。

4.1.4 网络心理战的地位作用

信息时代，随着以信息技术为核心的新军事革命的发展，信息技术、特别是网络技术在心理战领域的广泛应用，心理战装备、手段的技术程度越来越现代化。基于此，网络心理作战的信息收集、生成、处理、传输和显示等更加快捷高效，其渗透性、时效性、谋略性、震撼性显著增强，可使敌方作战思想难以贯彻，作战意志动摇，武器系统功能丧失，战争潜力受到削弱，甚至决定战争的胜负。因此，网络心理战在当代战争中具有极其重要的地位和作用，主要表现在以下四个方面。

1. 争夺战略主动权的重要途径

现代信息技术的发展扩展了心理战的技术手段，增强了心理战的功效，使得心理战在抢占战略主动权的国际和地区斗争中发挥着重要作用。在长达40多年的冷战时期，美、苏两个超级大国及其所属军事集团为争夺世界格局中的战略主动权，在政治、经济、外交、文化等领域展开了激烈的心理战。冷战结束后，国际战略格局出现了向多样化发展的趋势，各主要国家更是借助信息技术，力争在新世纪发展中占据有利地位，因而利用网络心理战手段夺取国际战略主动权的斗争也更加激烈。

2. 削弱敌整体作战效能的重要方式

网络心理战可极大地削弱敌整体作战效能。随着以数字化为基础的武器装备的自动化、智能化和网络化的发展，软件逐步成为武器系统的关键因素，其效能的发挥越来越取决于其计算机资源的质量。凡装有计算机的弹药引信系统、武器战斗部、传感器的武器装备，一旦被病毒侵入，使用时就会出现严重失控。特别是精确制导武器、航天武器和各种智能武器的计算机系统遭受病毒攻击后，将在大范围引起异常混乱。若病毒侵入战略核武器系统，后果更是不堪设想。因此，利用网络病毒、逻辑炸弹、电脑黑客等手段实施网络进攻，就可以破坏敌精确制导武器系统软件资源，影响武器系统效能的发挥，造成作战指挥人员的心理恐慌。

3. 实施网络瘫痪战的重要手段

当前，无论是作战理论从"以平台为中心"向"以网络为中心"的转移也好，还是席卷全球各军事强国的新军事革命潮流也罢，其核心都是战场网络化。在未来信息化战争中，军队战斗力的强弱和发挥，将愈来愈依赖于网络化系统，战场网络化系统对战争的进程和结局都会产生巨大影响。信息化战场上，指挥控制系统将以计算机为核心，并将指挥、控制、通信和情报融为一体，用于实时掌握战场动态，自动进行快速分析、处理、评估和优选最佳作战方案，下达作战命令。因而，对这类目标实施攻击可达成局部或大范围瘫痪敌作战体系的目标。一旦病毒、黑客等侵入敌指挥控制系统，将对系统运行造成重大影响。系统的级别越高，影响的范围越大，对人们的心理影响也就越深。

4. 未来战争中的重要作战样式

计算机网络在军事领域的广泛应用，决定了未来的战争将是以计算机及其网络为主要手段，通过在网络空间开展心理战，去赢得战争胜利。网络心理战使战争形态由有形对抗发展到无形对抗，对抗的领域、对抗的途径、对抗的手段都是全方位的，对抗的结果将对战争的进程产生巨大的影响，从而使网络心理战成为未来信息作战的重要组成部分。随着大数据、人工智能、5G 移动网络、区块链等先进技术的发展和应用，从作战目标对象的实时精准感知、信息传播特点规律刻画、传播路径范围的预测管控、传播过程加密匿名化到技战法的实施、作战效能评估测量，网络心理战从作战力量的组织成立到作战时局的把握，都全程深入参与，且趋于专业化。许多著名军事专家断言，未来战争破坏力最大的已不再是核武器，而是用计算机网络进行战争，破坏敌国计算机系统进而造成心理恐慌。由此可见，网络心理战将成为一种最突然、最难对付、破坏性极大的重要作战样式。

总之，现代战争的胜负，已不仅仅取决于在战场上投入的资源、人力和物力的多少，而更多地取决于对战场上的信息掌握和网络运用的程度。美国著名未来学家阿尔文·托夫勒预言："电脑网络的建立与普及，将彻底地改变人类生存及生活的模式，而控制与掌握网络的人就是人类的主宰者。谁掌握了信息，控制了网络，谁就拥有整个世界。"可以预见，在未来战争中，利用计算机病毒武器、黑客入侵、网络战士等开展心理战，造成敌行动的混乱，甚至整个国民经济的失控和瘫痪，进而使目标对象产生强大的心理恐惧，从而达到战争目的的网络心理战将成为 21 世纪战争的重要形式。

4.2　网络心理战主要战法

信息化战争中网络心理战的基本战法主要有网络心理宣传、网络心理威慑、网络心理欺骗等。下面介绍这些战法的实施手段及其技术原理。

4.2.1　网络心理宣传

网络心理宣传具有信息大、传输迅速、抗干扰能力强等优点，因而在各种网络心理战战法中独具魅力，其主要的宣传渠道包括网站、虚拟社区、聊天室、电子邮件等。

1. 网站宣传

在互联网上组建专门的网站进行宣传，是实施网络心理战的一种主要手段。根据作战目的，网站宣传通常分为本地宣传和远程宣传两种方式。

本地宣传是指在本国或友国设立心理战网站进行心理宣传，这是网站宣传的主要方式。这种方式具有信息传递实时精确、抗干扰能力强、交互性好的优点。缺点在于：一是如果跨国宣传，因敌方民众不熟悉，点击率相对较低，对敌国的影响相对较小；二是宣传内容易被敌国屏蔽，宣传效果有限。

远程宣传是指利用敌方网站宣传心理战信息。由于敌方的信息封锁，往往需要借助网络攻击技术来达到战术意图。常用的做法包括：采用 Web 欺骗技术，劫持敌国网民的网站访问请求，使其转向我方设立的心理战网站；采用网页篡改技术，利用敌方网站的安全漏洞夺取网站服务器的控制权，从而修改网站文件系统，并加入我方心理战网页。远程宣传的优势在于：一是震慑力强，成功的网络渗透会强烈打击敌国民心士气，削弱其斗志；二是影响的人群多，借助敌国网站进行心理宣传，可影响更多的敌国人群，达到最佳的宣传效果。其不足在于：一是技术性强，实施难度大；二是生存时间短，一旦被敌方发现，极易被敌方屏蔽和破坏。

• **经典案例**

―― 科索沃战争中的网络心理大战 ――

在 1999 年的科索沃战争中，南联盟与北约之间爆发了一场激烈的网络心理大战。战争双方都充分利用因特网宣传自己的政治主张，瓦解对方心理，为赢得战争创造利己的条件。北约方面，在以美国为首的多国部队利用自己资金雄厚、网络庞大、技术先进的优势，在互联网上先后设立了多个网站对南联盟进行大规模的孤立和丑化宣传，煽动北约国家民众对塞尔维亚人的反感与恐怖情绪，以唤起民众对战争的支持。南联盟方面，在全力抵抗北约攻击的同时，也充分利用自身的宣传阵地，在互联网上揭露北约的战争罪行，阐明己方的正义立场，以争取国际和平力量的同情与支持。

2. 虚拟社区宣传

虚拟社区，是由互联网提供的一个供网民相互交流的场所，使其获得在现实生活中无法得到的支持和帮助。在网上，人们没有地域、年龄、国籍、地位等一切影响线下正常交流的障碍，人人完全平等，大家都可以自由地发表自己的言论，阐述自己的观点。它用各种各样的方法和设定，在非现实的空间中使人们的个性得以体现，使个人的想法得以表达。这样一种全新的虚拟社区性质决定了其拥有极高而且十分固定的访问量，这就为实施网络心理战的宣传提供了极好的机会。

3. 聊天室宣传

网络聊天室人气旺，信息传输速度快，站点繁多。为了吸引广大网络爱好者，不少聊天室经常邀请著名的专家学者、政府官员、影视明星来当嘉宾，搭建所谓的嘉宾聊天室，让广大网民在其中围绕某一共同感兴趣的话题进行讨论，让嘉宾解答问题、倾听意见。各种聊天室的建立，为实施网络心理战的宣传提供了崭新、方便的空间。可以设想，如果实施网络心理战宣传的组织或个人冒名顶替某位名人政要甚至国家元首与广大网民进行交流，并设法让网民相信，进而实施心理战宣传，那么其造成的影响不可估量。

4. 电子邮件宣传

利用电子邮件快速、直观的特点，有针对性地对作战对象如政府官员、军队将领和普通民众发送含心理战宣传内容的电子邮件，从而影响其心理，这是网络心理战宣传的又一形式。在1994年入侵海地的军事行动中，美军就是通过因特网向海地军政领导人发送了大量电子邮件，劝其放下武器，取得了意想不到的战果。这种方法的优点是宣传对象广、针对性强；缺点是搜集敌方重要人物的电子邮件地址困难，实施难度较大。

4.2.2 网络心理威慑

网络心理威慑是指将自身政治、经济、军事、文化等方面的优势转化为网络威慑信息，并通过计算机网络对目标施加心理影响，以期改变其思想、行为及决策等的心理战活动。究其实质，这是一种以信息威慑为主的全新威慑形式。网络心理威慑大体表现为两个方面：一是通过网络发布有威慑的信息，从而形成对敌的心理威慑，例如，大力宣扬己方武器装备的卓越性能、真伪混杂的兵力调遣行动等；二是摧毁敌方网络信息系统，控制战争中的网络信息主动权，从而对敌方形成心理威慑，例如，运用计算机病毒、逻辑炸弹、黑客入侵等多种手段，打击对方的信息设施，摧毁其信息关键环节，破坏其信息能量源，对其实施信息封锁、信息肢解、信息遮盖以及信息渗透、信息欺骗等，使其丧失信息获取、处理和传递的能力，从而对其造成巨大的心理困惑和心理伤害。这种方法因较少的政治风险、较小的经济代价获得较大的心理威慑效果而备受人们的青睐。例如，在2022年俄乌冲突中，乌克兰互联网遭到俄罗斯大面积攻击破坏，通信受阻之后积极寻求SpaceX"星链"的支持，通过加载"星链"终端接入互联网，这是首次通过"星链"传递心理战信息。网络心理威慑主要采取下列两种方式。

1. 显示战争潜力

战争潜力威慑主要包括全民动员能力展示、军心民意展示、政治和军事同盟力量展示、国际影响力展示、战争可持续能力展示等。通过展示由政治、经济、外交和科学技术等形成的综合国力所提供的战争潜力实施网络心理威慑，已成为当代国际斗争和信息化条件下心理进攻的一种有效形式。美军在入侵海地前，首先利用网络等媒体公开播放部队的武器装备、从海空同时开进大兵压境的情况，并宣告投降条件，对海地实施网络信息心理威慑，致使海地政府和军民的心理全线崩溃，美国不费一枪一弹而实现了"不战而屈人之兵"。在调解波黑战争中，多国维和部队运用计算机进行战争模拟，再通过网络使战争双方看到多国维和部队的实力和决心，看到双方打下去两败俱伤的战争结果，从而使双方接受了调停协议。这种以网络信息方式显示力量的心理战方法，已经成为国际斗争的重要形式。

2. 展示军事威力

军力威慑，是以某种程度和方式展示自己的军事实力以达到威慑的效果。具体来说，通过网络展示阅兵和大规模军事演习、公布新式武器实验等，宣传己方武器装备的威力和数量，显示军队素质、作战能力和现代化的作战指挥系统等，使对方产生恐惧、疑虑和动摇，放弃某些决策和选择，已经成为现代心理战的一种重要方式。例如，在伊拉克战争的第二阶段，美军通过网络展示代号为"震慑与畏惧"的超强度空袭，给伊拉克民众造成了心理震撼，给伊拉克军队造成了强大的心理压力，从而使美军达到"不战而屈人之兵"的目的。

4.2.3 网络心理欺骗

网络心理欺骗，就是依托网络和网络技术而实施的信息欺骗。和信息欺骗一样，它也是利用虚假的信息诱使敌人误入歧途，做出错误的判断和决策。它通常包括三个方面的内容：一是对己方信息进行伪装；二是向敌方发送虚假信息；三是改变敌方信息的流向，从而使敌方做出错误的判断和决策。在网络欺骗战中，网络宣传欺骗、虚拟现实欺骗、黑客入侵欺骗、虚假网络欺骗和电子邮件欺骗等是常用的手段。

1. 网络宣传欺骗

网络宣传欺骗就是通过网络有意识地散布大量虚假信息，以迷惑对手，混淆视听。例如，夸大宣传对方的损失以摧毁其士气，捏造事实说明对方的残酷暴行，等等。利用网络进行宣传欺骗，所散布的信息能以图、文、声、像多种形式出现，具有形象、生动、直观的特点，更具有迷惑性。从海湾战争、科索沃战争到伊拉克战争的一系列事实证明，网络宣传欺骗不仅能迷惑广大民众，有时候甚至可以改变历史，改变一个国家和地区的命运。

2. 虚拟现实欺骗

虚拟现实欺骗是指以计算机成像、电子显示、话音识别和合成传感虚拟现实技术，将有关的声音、图像、文字信息合成，并通过网络大量传播以迷惑敌人，影响其决策和行动的信息欺骗过程。在网络空间，可以模拟或虚拟各种心理战内容进行广泛心理战：利用计算机多媒体合成技术，对不同影视画面的景象、人物等进行剪辑、拼组，可以制造出颠倒是非、以假乱真的画面（事件）；运用计算机虚拟现实技术，可以夸大高新武器装备的巨大破坏力和战争中的可怕伤亡情况。在互联网上传播上述虚拟景象信息，极易引起攻击对象的心理恐慌，引发社会混乱，从而产生巨大的心理震慑作用。

• 典型案例

- 俄乌冲突中的深度伪造技术 -

在认知域对抗领域，应用人工智能技术实现武器化的深度伪造，可应用于网络犯罪、鼓吹活动、军事欺骗和国际危机等方面。而深度伪造技术在俄乌冲突中作为网络心理战的重要手段也被多次使用，被大量观看和转发的伪造视频，主要通过深度合成、图像处理、视频编辑等技术制作而成。采用这些手段制作出来的视频，很多已达到肉眼难辨、以假乱真的程度。其中，最具代表性的是乌克兰总统泽连斯基"呼吁士兵放下武器投降"以及俄罗斯总统普京宣布"已实现和平"的虚假视频［如图4-1（a）和图4-1（b）所示］，这两个视频都是用深度伪造技术制作的，在互联网社交媒体中被广泛传播，推动事件持续发酵。另外，通过视频编辑技术伪造的俄乌冲突战场场景［如图4-1（c）所示］，实际上是某款游戏画面。多方国家情报部门、网络黑客乃至普通民众借助深度伪造的音视频、图片等，散布虚假信息，扰动了俄乌冲突局势和舆论的走向。

(a) 伪造的泽连斯基视频　　　　　　(b) 伪造的普京视频

(c) 伪造的战场视频

图 4-1 俄乌冲突中的伪造视频

3. 黑客入侵欺骗

利用黑客技术闯入敌方计算机网络系统，植入虚假信息或篡改信息数据进行欺骗，是网络欺骗的重要形式。例如，在渗入敌方网络系统后冒充敌方人员向其传递假情报、假电文或下达假指令等，这种欺骗具有很大的迷惑性和破坏性。

4. 虚假网络欺骗

虚假网络欺骗是指设立逼真的假网站诱敌上钩，使其落入病毒陷阱。即以代理服务的方式，在网上建立一个与在线服务器内容相近且带毒的假目标，通过网上发布主页等途径，有意暴露进入的端口，诱敌攻击，吸引和转移敌攻击的目标与方向，避免在线服务器遭受攻击。同时，组织力量对攻击之敌进行跟踪分析，了解掌握敌方攻击的企图、实施攻击的手段和方法，研究制定有效的防护对策，以保护己方主要网站的安全运行。

5. 电子邮件欺骗

电子邮件欺骗的形式多种多样，常用的主要有两种：一种是在电子邮件中声明该邮件是来自系统管理员，要求用户修改口令（口令可能为指定字符串），并威胁如果不服从则采取某种措施；另一种是声称电子邮件来自某一授权人，要求用户修改口令文件或其他敏感信息的拷贝。

4.3 网络心理战装备技术

装备技术是实施网络心理战的重要基础,下面从网络心理战的主要工具和关键技术两个方面进行介绍。

4.3.1 网络心理战主要工具

网络心理战的常用工具包括"影子"网络、互联网舆情监控系统和各种黑客软件等。

1. "影子"网络

"影子"网络,是美国投资开发的秘密互联网系统,主要用于协助其他国家的反对派人士为避开本国政府的网络封锁而与外界通信、摆脱政府的信息管制而去访问外部的互联网资源。"影子"网络是基于"网状网络"技术,在没有集中式用户交换机的情况下,把个人电脑和手机等通信装置连接起来建立的一种无线局域网络。在这个网络内,每个终端设备都是一个可接发信号、具备自动路由功能的网络节点(相当于一个小型的信号传输基站)。大量的终端设备通过无线方式构筑成富有弹性的网状结构,形成一个相对隐形、独立的"无线局域网"。处在这个局域网内的所有终端用户,均可以绕过官方监管的互联网,相互之间直接进行图片、音频、视频以及电子邮件等信息的传递,而且一旦有需要,这个"无线局域网"还可以随时接入国际互联网,不受限制地访问全球的网络资源。

"影子"网络为网络心理战开辟了广阔的"敌后根据地"。通过"影子"网络可迅速收集和传递心理战情报,扩大心理宣传范围,为灵活地制定心理战战术、发起心理战攻击提供了有力的平台支撑。

2. 互联网舆情监控系统

互联网舆情监控系统利用搜索引擎技术和网络信息挖掘技术,通过对网页内容的自动采集、敏感词过滤、智能聚类分类、主题检测、专题聚焦、统计分析等处理，最终形成与需求相匹配的舆情产品，为决策层全面掌握舆情动态，做出正确的舆论处置，提供分析依据。

舆情监控系统在网络心理战中的应用主要体现在两个方面：一是通过对敌方网站内容的综合分析，及时掌握敌方的首脑动态、热点话题、突发事件以及网民的主流观点等舆情信息，为网络心理战的信息定制、效果反馈提供数据来源；二是及时发现敌对势力对我方故意散播的虚假消息、歪曲报道及民众对此的反应，从而一方面有针对性地加强舆论引导，提高民众的心理战防护能力，另一方面对敌对势力进行有效反制，夺取舆论制高点。因此可以说，互联网舆情监控系统是一种攻守兼备的网络心理战武器。

3. 黑客工具

黑客工具种类繁多，五花八门，根据它们在网络心理战中的作用，可将其大体分为网络侦测工具、网络渗透工具、网络控制工具、网络破坏工具四类。

（1）网络侦测工具。网络侦测工具通过扫描或监听敌方网络，为实施网络心理战提供必要的信息准备。例如，使用口令破解工具获取敌方系统的账号和密码；使用漏洞扫描工具分析敌方网络系统的安全状况，寻找可供利用的安全漏洞；使用网络监听工具截取敌方网络的传输数据，从而获取有价值的信息；使用邮件地址收集器从敌方的网页链接、邮件服务器、存储设备等多种渠道广泛收集敌方网民的电子邮件地址。

（2）网络渗透工具。网络渗透工具是突破敌方网络防御，获取敌方系统控制权的有力武器。心理战人员可在被渗透的系统中上传木马、篡改网页甚至植入虚假信息，以达到网络宣传、威慑、欺骗的目的。常用的网络渗透工具有缓冲区溢出工具和脚本注入工具等。

缓冲区溢出工具利用敌方系统的缓冲区溢出漏洞，远程执行用以提升权限的 shellcode 代码，从而获得敌方系统的最高用户权限；脚本注入工具则针对敌方网站所存在的脚本注入漏洞，向其写入精心构造的可执行脚本语句，进而盗取网站管理员的账户。

（3）网络控制工具。木马程序是远程控制工具的典型代表，它通常由控制端与被控制端两部分组成。控制端程序放置在攻击者的主机中，被控制端程序放置在目标主机中。被控制端程序一旦运行便与控制端建立远程链接，攻击者将获取目标主机的大部分操作权限，如复制、删除文件，修改注册表等，并且这些操作可以很方便地通过控制端程序的图形界面实施，如同操作本地主机一样。与病毒等不同，木马不会自我繁殖，一般通过电子邮件、病毒、程序下载等方式进行传播。

（4）网络破坏工具。网络破坏工具主要有计算机病毒和分布式拒绝服务攻击工具等，两者也是当前互联网面临的主要安全威胁。

计算机病毒作为一种传播性极强的网络"霍乱"，具有巨大的破坏力，不仅可以盗取用户隐私、篡改用户数据、干扰网络运行，还可以摧毁机主的硬件设备，其破坏性完全取决于病毒编制者的意愿。因此，计算机病毒已成为各国军队开展网络心理战的重量级武器。

分布式拒绝服务攻击工具又称为僵尸程序，分为主控程序和代理程序两部分。被植入代理程序的主机称为僵尸主机，多台僵尸主机组成一个僵尸网络，并受主控程序控制。攻击者通过主控程序向僵尸网络下达指令，发起分布式拒绝服务攻击。分布式拒绝服务攻击有多种形式，最典型的就是泛洪攻击，即通过僵尸网络向目标网络发送大量的垃圾流量，造成目标网络的资源过度消耗，从而无法提供正常服务。通过对敌方网络的核心设施（如核心路由器、域名服务器等）发起分布式拒绝服务攻击，造成敌方网络的不可用，进而可产生强大的心理威慑效应。

4.3.2 网络心理战关键技术

从网络心理战作战途径来看，主要有以下五种关键技术。

1. 网络心理战信息生成技术

网络心理战信息生成技术是指采集各种可用信息并对其加工处理，制作

Cyberspace and Information
Attack and Defense

网络空间与信息攻防

成网络心理战信息的方法手段。

（1）文本、视觉信息生成技术。根据作战环境、作战需求、作战对象、作战态势，建立适于网络主要作战对象的图片库、语料库和符号库，主要包括图像合成技术、文本生成与转换技术、采集技术，以及图像、影像、文本实现技术等。

• 典型案例

— 文本图像智能生成 —

人工智能技术的飞速发展，使得自动化、智能化生成文本、图像甚至视频，已经不是什么难事。图4-2（a）是由机器人创作的一段文字，经人工判定为人为撰写。图4-2（b）是由麻省理工学院做的一项更有意思的创新研究工作，即通过分析某人的声音来重建相应的人脸。其研究采用了一种新的神经网络模型，利用了数百万来自YouTube和其他来源的视频片段来训练这个模型。神经网络通过分析，可以将声音与面部配对，并找到两者之间的模式和趋势来"学习"如何重建人脸，例如声音较低沉的人可能比声音较高的人有更宽的鼻子和下巴，人的脸部外观和语音之间具有直接相关性。

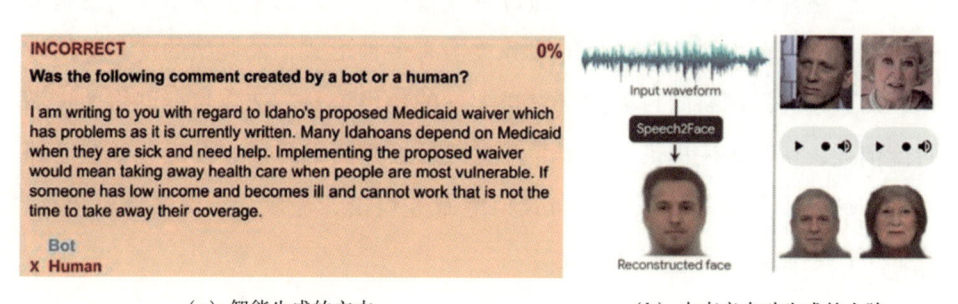

（a）智能生成的文本　　　　　　（b）由声音自动生成的人脸

图4-2　文本图像智能生成

而2023年3月，美国人工智能研究公司OpenAI发布的多模态预训练大模型GPT-4，已经在各类图文混合的多语言理解和生成方面取得了突飞猛进、令人难以置信的进展，在各种专业和学术基准上表现了人类的水平。人工智能技术的发展将极大地拓展网络心理战的运用空间。

（2）听觉信息生成技术。用于建立适于网络主要作战对象的声音库，包括声控技术、声音虚拟仿真技术、声音采集技术等。

（3）阈下信息生成技术。"阈"，在心理学领域指的是感觉阈限。阈下信息是指超出或低于人的感觉阈限的信息。它是一种潜意识诉求信息，即通过提供不易被察觉的信息达到改变人的心理和行为的目的。阈下信息生成技术是指通过设计、制作、传播和控制阈下信息，刺激人的阈下反应，试图影响人的态度倾向与行动选择的技术。它是一种潜意识诉求引导技术，即通过提供不易被人类意识察觉的信息达到说服的目的。建立适用于网络目标对象的阈下信息库，包括阈下视觉信息生成技术、阈下听觉信息生成技术和音视频合成阈下信息生成技术。

2. 网络心理战信息投送技术

网络心理战信息投送技术是将网络心理战信息投送至目标对象的技术。具体来讲，主要包括下列技术：

（1）网络信息推送技术。以计算机网络或通信网络为载体，将无形的网络心理战信息发送给一定范围或特定受众，包括网络的入网破网利用技术，以及网络跟踪、藏匿与伪装技术等。

（2）定向攻心信息投送技术。利用网络通信设备等，以定向的方式，准确地将攻心信息送抵特定的目标或受众群体。

（3）目标网络的脆弱性分析、利用与攻击技术。根据目标网络脆弱性分析的结果，综合运用网络对抗手段控制或攻击敌方相应的网络资源，为有效实施网络心理战提供支撑。

（4）网络信息传播资源的控制、调度与协同技术。全面结合网络信息劫持、伪造、阻断、推送等各种技术手段，综合利用网络信息传播资源，提高网络心理战的作战效能。

（5）社会网络分析与传播技术。搜索并智能定位作战区域中的关键地域、目标群体中的关键人物及计算机与通信网络中的主要服务器或终端，实施网络心理战信息的精确投送，达到精确心理打击或策反的目的。

3. 网络心理战信息防护技术

网络心理战信息防护技术是指影响敌方心理战信息的传播，对我方进行心理防护和心理训练的相关技术。

（1）信息侦察与干扰阻断技术。智能地搜索和识别主要作战对象对我方发动的网络进攻信息，并进行针对性干扰和阻断，保护我方官兵免受或少受敌方进攻的影响。

（2）虚拟演播技术。利用人机交互手段使人置身于虚拟的战场环境或特定环境，实现网络环境下心理训练模拟化与战场化，以提高心理训练的效果。

4. 网络心理战效能评估技术

运用心理测量、数理统计、建模仿真、大数据分析和深度学习等方法，科学分析和评价网络心理战认知效果，研究网络心理战心理效应过程和作用机理，建立网络心理战效能评估指标体系，构建网络心理战效能评估模型，开发基于云计算的网络心理战效能仿真系统。

（1）人工社会建模技术。以 ACP 方法（人工系统、计算实验、平行执行）为指导，综合采用智能 Agent 建模仿真技术、大规模信息传播建模仿真技术和心理战效能评估技术，构建网络心理战人工社会模拟仿真系统，为网络心理战态势分析、预测提供智能化辅助和支持。

（2）高性能仿真技术。重点研究网络心理战云仿真架构技术、大规模实体云仿真高效支撑和调度技术，构建基于云计算的网络心理战效能仿真系统，为网络心理战仿真实验和评估提供资源共享、易用好用的环境。

（3）靶场技术。重点研究网络心理战目标人群建模技术、复杂网络大规模信息传播仿真技术、目标网络业务与用户行为模拟技术、认知域靶标柔性重构技术等，开发网络心理战靶场原型系统，构建分布式网络心理战实验环境。

5. 网络心理战新概念新原理技术

网络心理战新概念新原理技术主要有阈下信息植入技术和脑机接口技术。

（1）阈下信息植入技术。通过向计算机网络植入阈下信息，使对方在毫无防备的情况下受到心理影响。

（2）脑机接口技术。研究不同的心理作战方式对大脑皮层产生的不同相关同步反应，利用该现象设计信息传输和脑机接口，作用于目标对象。

4.4 网络心理战发展趋势与技术表征

网络心理战从出现到应用，前后不过30年时间，取得的成就已是有目共睹的。随着计算机网络技术的不断发展和广泛运用，网络心理战的发展空间仍然不可估量。

4.4.1 发展趋势

1. 网络自媒体成为政治斗争的新战场

网络技术的发展日新月异，在第四媒体——互联网面前，报纸、电台、电视等传统媒体正在经历的变革尚未结束，Web2.0又引发了一场新的媒体变革，那就是博客、微博、播客、社交网络以及新兴的视频网站等传播载体的出现，使得人人都能成为记者、个个都能成为媒体的情景变得极有可能，一个被称为自媒体的时代应运而生。

顾名思义，自媒体强调的是民众自我对于新闻信息传播的主动控制权，私人化、平民化、普泛化、自主化是它的特性与优势。在自媒体的环境里，每个网民都能够轻易地通过基于"关注"与"被关注"的用户关系，完成信息的获取、生产、分享和传播。正是因为这样的特点，当前自媒体成为热点事件曝光和发酵的"新宠"。网络舆论在自媒体的聚合效应下非常容易形成"龙卷风"现象，产生巨大的蝴蝶效应。

当前，自媒体已经成为世界主要国家政治斗争的新战场。他们利用自媒体进行思想渗透、组织动员和聚众闹事，其政治能量出现几何级数倍增。美国出版的《战争2.0》一书中，明确强调信息网络战争最终打的是舆论和民心，中东、北非政局动荡就是这种斗争形态的完整体现。2011年1月20日，时任美国国务卿希拉里公开发表演讲指出，要把以Twitter、Facebook等为代表的自媒体视为一种力量，要让世界上的年轻人通过它们了解到美国的声音和政策。同年的"茉莉花革命"及随后引发的北非、中东大乱局，是西方这一新型战争手段效果的一次经典体现，也预示着西方敌对势力今后可能会更大规模、更广范围地运用这种手段。

未来，网络技术快速发展以及在心理战中的应用，特别是电视、电话、网络三网合一，手机、博客、播客相互融合，将构成强大的新传媒阵容。网络势必成为社会心理的晴雨表和焦点事件的传播源，成为舆论交锋的主战场、多元文化的角力场、"颜色革命"的试验场。现实世界的全部信息折射到网络虚拟世界，虚拟世界的"一颦一笑"深刻地影响着现实世界。未来的网络心理战势必将向更宽的领域、更多的手段、更新的样式发展，未来的网络心理作战将会更加异彩纷呈。

2. 网络心理战向新时代人民战争发展

计算机网络的触角伸向了社会的各个领域，成为现在和未来信息社会的联络纽带。但是，网络化的程度越深，被社会集团或个人用于达成自己某种目标的可能性就越大，当心理战应用于网络时，就为全民参战创设了条件。

首先，由于网络应用的社会化，使得"战斗员"这一概念被弱化。只要拥有普通计算机网络设备、掌握通信与计算机技术，无论是企业、宗教团体、恐怖组织、贩毒集团，还是普通民众，都可以参与到网络心理战中。"战斗员"主体的这一变异，直接导致了战争（作战）客体和内容的嬗变，由此引起了整个战争（作战）领域的深层次变革，广大民众可以参与到网络心理战中,并成为战争的主角。

其次,心理攻击的民众化,使目标进一步拓展,网络心理战的范围不断扩大。心理战的作战目标亦军亦民,而有时对平民的攻击效果远远大于对军队的攻击效果。因此,这种攻击将广泛涉及社会的各个领域,直接影响到国家的政治、经济、社会秩序和广大民众的切身利益。

最后,网络心理攻击的技术手段不断增多,民众化网络心理对抗将更为激烈。随着电子技术的快速发展,信息化家电及各种生活用品只要与网络相连,都可直接用于上网冲浪和信息的发送。因此,这些物品也就可以加入网络心理战中。例如,随着无线激活技术的日趋成熟完善和智能手机在网络上的应用,当手机加入网络心理战时,"手机"与"键盘"相结合所发生的作用将不可估量,利用手机短信传播谣言产生的效应将不亚于核裂变。

3. 网络心理战将进入超逻辑层次对抗

现阶段,网络心理战主要是在实体层、传输层和逻辑层上的网络战与心理战的综合,并没有真正形成一个单独的作战体系。无论是软对抗还是硬对抗,都是传统战争的补充手段,还不能替代武力,而是与武力一起在超逻辑层次上制服敌人的意志,目前还没有专门的技术手段能直接攻击敌方的认知和信息系统。但是,信息和心理密不可分。人的情感、性格和意志等心理特征的形成,是外界信息与人的大脑长期交互作用的结果。

当今,集大成的网络信息传播的交互性、开放性、即时性、广泛性、多样性、感染性等特征,赋予了心理战得天独厚的威力,媒体构成的环境已成为社会环境的重要组成部分。网络战也正由目前实体层和逻辑层的对抗,上升到超逻辑层,也就是感知层次的对抗。随着科学技术的不断融合,尤其是生物技术的发展及其与计算机技术的融合,网络心理战将向超逻辑层次对抗发展,进入直接影响对抗双方思维活动的深层领域,争夺制心理权,包括认知、决策与指挥权,从而真正实现"不战而屈人之兵",成为未来战争的主导。

4.4.2 技术表征

与传统心理战相比,由于现代信息技术在心理战中的广泛运用,信息时代心理战的样式正在发生革命性的变化,心理战手段更加神奇和隐蔽,更具强烈的心理打击能力,对战争进程和国家安全的影响也更为巨大和深远。当前,信息技术已经渗透到心理战的各个方面,尤其是虚拟仿真技术、阈下信息技术、控脑技术在网络心理战中的广泛运用,极大地提高了网络心理战的作战效能。

1. 虚拟仿真技术增强网络心理战的蛊惑性

1965 年,美国学者伊万·萨瑟兰在论文《终极的显示》中首次提出虚拟现实系统的基本思想,经过近 60 年的研究发展,虚拟仿真技术已经被广泛应用于军事领域。虚拟仿真技术是计算机技术、人工智能技术、多媒体技术、模拟仿真技术及其他高新技术的综合运用。它为心理战提供了新的技术手段与方法,利用该技术可以精心设置一种逼真的假象,从而达到欺骗、迷惑和震慑敌人的目的。

运用现代高保真技术,模仿、冒充某些领导者、名人或当事人的讲话,达到真假难辨的程度,借此达到心理战目的。在战时,可以运用此项技术模仿敌方国家和军队领导人的讲话,下达指示和命令,以给敌军制造混乱或使其服从自己的调动。海湾战争中,"沙漠盾牌"电台曾多次模拟萨达姆的声音,对其进行丑化,以降低萨达姆在其国民及其盟国中的威信。

通过虚拟各种人物的形象及其活动,制造虚假信息,以达到心理战目的。虚拟人物形象的技术已经成为现实并得到日益广泛的应用。在电影《泰坦尼克号》中,550 多台超级电脑利用数字信息,虚拟生成了 20 多万帧配有逼真声音与音响效果的动态画面,包括船体、浪花、烟雾、夕阳、海豚以及数以千计的爱德华七世时代的人物,以假乱真达到了空前的地步。这种技术在心理战中可以用来虚拟政党、国家、政府和军队领导人的形象及其生活各个方面的丑闻，从而混淆社会舆论，加剧社会动荡，促使事态恶化，以达到心理战的目的。

通过虚拟或仿真各种现实场景，让人们信虚为实，以满足心理战需要。例如，在敌国和平稳定时期，可以虚拟爆炸、暗杀、劫持等事件，从而破坏其社会的稳定。在敌国动乱时期，可以虚拟大规模的游行、示威、抗议活动以及商店关门、交通中断的局面，一方面使当局惊慌失措、心理崩溃，另一方面使动乱分子受到鼓舞。在战时，可以虚拟敌国民众厌战、反战或敌军在战场上屡遭重创、仓皇败退的景象，扰乱敌指挥决策层的思维判断，宣泄失败情绪，打击敌国军民的战斗意志；还可针对前线军人，虚拟战场的残酷景象、己方的绝对优势，进行心理恐吓和威胁，甚至可以虚拟宗教领袖、神灵图腾以招降敌军。

2. 阈下信息技术增强网络心理战的隐蔽性

阈下信息技术是指设计、制作、传播、接受、处理与控制阈下信息，刺激人的阈下反应，试图影响人的态度倾向与行动选择的技术。

阈下信息对人的心理影响具有以下特点：一是阈下信息传播具有很强的隐蔽性，阈下信息不易被人类意识察觉，通过作用于人的潜意识达到说服的目的，又称为"隐藏的说客"；二是阈下信息对人的影响具有潜移默化作用，阈下信息引导人们在阈下水平加工信息，产生阈下反应，从而达到"随风潜入夜，润物细无声"的效果。

尽管阈下信息的概念出现在 19 世纪初，但阈下信息技术的提出及其应用是在 20 世纪 50 年代，阈下信息技术是伴随着科技的进步，尤其是电子计算机的广泛应用产生的。阈下信息技术的应用经历了两个阶段：20 世纪 50 年代至 80 年代，主要应用于商业领域；20 世纪 90 年代以后，开始应用于教育培训、政治宣传和军事斗争等领域。

在商业领域，阈下信息技术被大量应用于"快闪广告"和产品宣传中，促进了产品的销售。

在教育领域，美国学者杰克逊出版的《班级生活》一书，首次提出"隐性课程"概念，认为在课程教学中植入阈下信息，可以作为促进道德成长的重要手段。目前，"隐性教育"被广泛应用于美国的学校课程建设、制度建设和文化建设等多方面，通过间接、隐匿、渗透的方式实施教育，学生在潜移默化中认同其政治制度和道德规范。

在政治宣传领域，著名的案例是 2000 年美国总统大选，小布什的竞选广告策划专家在竞选对手戈尔陈述医疗制度改革方案的电视录像中，植入快速闪现的 RATS（胡扯），以此影射戈尔的政策是在欺骗民众，其实质是利用阈下信息来操纵选民的潜意识，贬低竞选对手。这段录像在全美 33 个州播放了 4 400 次，小布什最终赢得了大选的胜利。

在军事领域，2003 年，美军在国防部、中情局和陆军情报与安全司令部的监管下，制定了《心理战、生物战行动部署图》，将阈下信息列入研究领域和应用范围。美军广泛组织了全美著名大学和社会研究机构中的心理学、生物学、药理学、信息科学等多学科专家，将语言模拟技术、虚拟现实技术、激光技术、现代仿声仿形技术、隐身技术及生物技术引入心理战，明确提出将阈下信息列入研究和应用范畴，从心理行为科学、脑科学及信息科学等领域，对心理战、生物战与信息战进行综合性研究。20 世纪 90 年代以来，美国科研人员在该领域申报了 100 多项专利。俄罗斯也已开发出一些阈下信息心理战装备，部分装备已在车臣战争中得到了运用。

阈下信息技术在网络心理战应用中具有天然的优势，通过制作阈下信息图片、音频、视频材料，再通过网络传播出去，能对目标对象产生潜移默化的影响，进而改变目标对象的态度和行为。

3. 控脑技术极大增强网络心理战的实效性

科学技术的不断进步，将推动更多的信息技术应用于心理战领域。例如，出现于 20 世纪 70 年代的精神控制技术，也称为控脑技术，必将为提升网络心理战实效性提供重要技术支撑。

控脑技术是对生物个体思维、感知以及行为进行有效干预和控制的技术，其实质是实现对人脑的控制。美国自 20 世纪 50 年代起就已开展了控脑人体实验，2007年，美国控脑武器用于实战。近年来，典型的项目包括"脑活动图谱"计划、"战场幻境"计划等，目的是使敌方士兵在视听环境中出现迷惑、延迟、抑制及行为异常。同时，利用控脑技术研制出不眠战士、读心部队和意识头盔等控脑武器装备，提升了美军士兵在战场上的精神状态和战斗意志。俄罗斯将精神电子武器列入了2011年至2020年武器采购计划，其在控脑相关领域的技术水平和研发投入也不落后于美国。基于光遗传学技术和磁遗传学技术，控脑技术也取得了重要进展：2014年美国研究人员利用光遗传学技术实现了脑控意念；2016年，弗吉尼亚大学通过改变磁场激活或抑制特定类型神经细胞，实现了非侵入性的脑与认知功能精确靶向调控；2018年，华盛顿大学和卡内基-梅隆大学开发出多人脑对脑接口合作系统，使3名被试者在没有对话的情况下，通过分享意念成功合作完成俄罗斯方块的游戏。

通过这一技术，可以操纵目标对象的认知、情绪和态度，对其进行思想控制和意识欺骗，以影响其行动。在战场上，可以运用控脑技术促使敌方官兵放下武器、投降甚至是自杀，最终按照己方意志采取行动，从而达到真正意义上的"不战而屈人之兵"的效果。将来，可控制的大脑活动将囊括神经系统活动的方方面面，从视觉、听觉、触觉、味觉、嗅觉到语言、情绪、潜意识，甚至梦境，都可以被远距离读取和遥控。与炮声隆隆、枪炮阵阵的传统战争相比，控脑武器参与的战争可以称得上是真正意义上的"无声战争"。

第 5 章
军事信息安全保障

信息技术的发展正改变人们几千年来形成的信息传递、处理和应用方式，对军队的组织管理、作战样式和运作方式等产生了深远的影响。信息化水平的高低已成为衡量一个军队作战能力的重要标志。当今世界军队建设的实践表明，一支军队的信息化水平越高，对信息系统的依赖性就越强，信息安全问题就越突出。信息系统只有安全可靠运行，才能真正发挥其应有的军事效益，如果信息安全得不到保障，将会给国防和军队建设带来或埋下巨大的安全隐患。信息安全保障是信息安全的重要发展阶段，推进军队信息化建设，必须高度重视信息安全保障工作，建设可靠的军事信息安全保障体系，确保各项军事作战任务目标的达成。军事信息安全保障体系的建设已成为军队信息化建设的重要组成部分。

5.1 军事信息安全保障内涵与概况

5.1.1 军事信息安全保障的概念内涵

在网络空间安全发展阶段，对于网络信息系统的攻击日趋频繁，安全的概念逐渐发生了两个方面的变化：一是安全不再局限于对信息的保护，人们需要的是对整个信息和信息系统的保护和防御，包括了保护、检测、反应和恢复能力；二是安全与应用的结合更加紧密，其相对性、动态性等特性日益凸显，追求适度风险的信息安全成为共识，安全不再单纯以功能或机制的强度作为评判指标，而是结合应用环境和应用需求，强调安全是一种信心的度量，使信息系统的使用者确信其预期的安全目标已获满足。

于是，美军提出了信息保障的概念："保护和防御信息及信息系统，确保其可用性、完整性、机密性、可鉴别性、不可否认性等特性。这包括在信息系统中融入保护、检测、响应功能，并提供信息系统的恢复功能。"信息保障除强调信息系统的保护能力外，还重视提高系统的入侵检测能力、应急响应能力以及系统在遭到入侵破坏后的快速恢复能力，它关注的是信息系统整个生命周期的防御和恢复。

以美军在20世纪90年代中期开展的国防部信息保障计划为发展契机，通过美国国家安全局、国家标准与技术研究院联合发起的国家信息保障联盟，信息保障的概念已经逐渐推至美国信息社会的各个层面，并深刻影响了世界信息安全的发展。

在信息保障的研究中，美军走在了世界的前列，其代表性的文献之一是美国国家安全局于2000年9月发布的《信息保障技术框架》3.0版。此外，美军还于2002年和2003年先后颁布了信息保障指导方针——国防部第8500.1号令《信息保障》和第8500.2号令《信息保障的实施》，指导其全军的信息保障工作。

信息保障是信息安全发展的新阶段，由于习惯，很多人仍在沿用"信息安全"的称谓。为了区别上述两个概念，同时体现出继承性，本书采用"信息安全保障"概念，指"保证信息与信息系统的机密性、完整性、可用性、可控性和不可否认性的信息安全保护和防御过程。它要求加强对信息和信息系统的保护，加强对信息安全事件和各种脆弱性的检测，提高应急响应能力和系统恢复能力"。

5.1.2 军事信息安全保障工作的发展

军事信息安全保障工作，就是综合运用技术、法规和相关作战力量、保障力量，通过有效抵御侦察窃密、攻击破坏、技术故障和自然灾害等威胁，确保军事信息安全而采取的活动。

与传统的保密概念相比，军事信息安全保障工作的内涵有了明显拓展：

首先，信息安全保障范围，由过去的文档保密发展到保障信息内容安全、信息系统安全和信息认知安全。信息存储的数字化和信息传播的网络化，使得每一台设备、每一名官兵都成为信息安全保障的节点，网络空间成为信息安全保障的主要领域。信息安全保障工作范围更广，涉及对象更多，任务更加繁重。

其次，信息安全保障环节，由过去的信息加密、通信抗干扰发展为由风险评估、监测预警、安全防护、应急响应、灾难恢复和信息反制等多个环节构成的完整体系。

再次，信息安全保障力量，由过去个别部门的少数力量发展为作战、情报、通信、保密、装备等多个部门的力量，专业类型涵盖了密码保密、安全防护、监测预警、测评认证、技术安全检查、应急响应、信息反制等多个类别。

最后，信息安全保障工作的性质，由过去的保障性工作发展为网络空间信息作战的重要方面。信息安全保障工作，既是服务于军队建设和作战的保障活动，也是在网络空间抵御敌对势力攻击破坏、保卫国家安全的作战活动，直接关系体系作战能力的形成和信息化建设效益的发挥。

5.1.3 军事信息安全保障工作的主要特征

随着信息安全技术的发展，信息安全保障范畴不断拓展延伸，军事信息安全保障工作的主要特征也随之发展变化。科学把握军事信息安全保障工作的主要特征，是构建军事信息安全保障体系的前提。

军事信息安全保障工作表现出以下四个特征。

1. 保护对象的广泛性

军队信息安全的保护对象涉及所有以声、光、电、磁和纸、胶片或其他约定形式为载体的信息资源，以及各类军事信息系统和基础设施等。

2. 安全防护的系统性

适应军事信息系统一体化的发展趋势，军事信息安全保障工作也必然要成体系开展。军事信息安全保障工作涉及信息化建设的各个领域，是一项政策性、技术性极强的系统工程；涉及信息安全保障工作的组织管理、安全法规的制定与落实、安全环境的基础条件供给、军事信息系统的网络规划、信息资源配备、网络设备和安全设备配置，以及用户及管理员的技术水平、道德素养、职业习惯等诸多因素。

3. 攻防相长的统一性

网络攻击测试与信息安全防护，是信息安全保障工作不可或缺的两种手段。必须密切追踪潜在对手网络攻击技术及能力发展情况，全面评估己方网络安全防护水平和抗攻击能力，有针对性地采取防范措施，不断提高网络信息防御能力。与此同时，还要努力发展以渗透测试技术为主的多种网络模拟攻击手段，实现以攻促防、攻防结合。

4. 安全保障的动态性

网络攻击技术的不断发展，要求信息安全保障工作必须及时调整安全策略，提高"风险检测—实时响应—策略调整—风险降低"的自适应能力，在动态中确保有效防护。固守一成不变的安全策略和方案，只会降低信息安全保障作用。

5.1.4 军事信息安全保障工作的地位作用

信息安全作为军事实践活动的重要内容，对战争、军队、国家至关重要，已由一种服务性保障工作上升为一种作战形式，成为重要的军事战略手段。

军事信息安全保障工作的地位作用体现在以下三个方面。

1. 国家综合国力的重要组成

国家之间的实力较量，是综合国力的较量。冷战后，世界战略格局发生了深刻的变化，为了争取在未来新的世界格局中处于有利地位，各国围绕综合国力的强弱展开了一场激烈的竞争。在这一竞争中，信息安全是所有国家角逐的重要方面。究其原因，信息安全对于一国的存在和发展具有重要意义，对增强综合国力具有重要作用。随着军队对信息和信息系统的依赖性不断增强，军事信息安全保障工作的地位也越来越突出。

2. 赢得未来战争的必然要求

近年来，发达国家投入巨大的人力、物力、财力组建信息作战机构和力量，加紧信息进攻与防御技术装备的研制。美国把网络空间安全提升到战略安全地位，把提高网络战能力作为维护和拓展霸权地位的重要手段，在作战理论、指挥控制、攻防力量和作战手段等方面投入大量人力和物力，谋求先发优势。在军事信息系统成为现代战争主要攻击目标、制信息权成为信息化战争敌我双方争夺的核心的今天，做好信息安全保障工作，保护军事信息与信息系统安全，是赢得未来战争的必然要求。

3. 军队建设的重要保障

只有做好信息安全保障工作，才能有效应对网络空间安全威胁，确保信息的保密、完整、真实、可信、可控，提高军事信息系统的建设和使用效益，保证军队建设的安全、顺利实施。因此，信息安全保障工作在平时的军队建设过程中，也发挥着十分重要的作用。

5.2 军事信息安全保障体系构成

信息安全保障不是一个仅仅依靠信息安全技术和安全产品就能解决的问

题，而是涉及技术、人员、组织及管理等多方面的系统性问题。做好军事信息安全保障工作，必须建立一个完整的军事信息安全保障体系。这一体系主要由技术手段层、保障力量层、政策法规层、体系运行层等四个层面构成（如图5-1所示）。

技术手段层	包括信息安全协议与标准、信息安全技术与系统、信息安全体系结构等
保障力量层	包括信息安全技术研发力量、信息安全系统维护保障力量、信息安全系统管理人员等
政策法规层	包括军队信息安全保障法律、法规、规章等
体系运行层	包括信息安全风险评估、信息安全系统容灾、信息安全管理

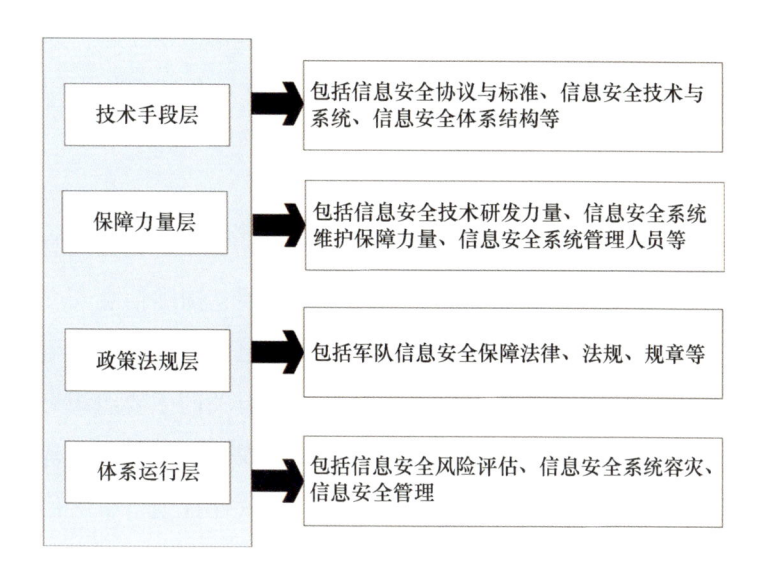

图5-1　军事信息安全保障体系构成

5.2.1　技术手段层

军事信息安全保障的技术手段主要包括信息安全协议与标准、信息安全技术与系统、信息安全体系结构等。

1. 信息安全协议与标准

信息安全协议与标准的建立和完善是信息安全保障体系建设走上规范化、标准化的基础要素。安全协议是完成与安全任务（如加密、认证、密钥分配等）有关的一组约定和规则。安全协议按照功能可分为认证协议、密钥管理协议、认证的密钥建立协议、加密协议、安全审计协议及防护协议等。当安全协议从个别单位的专用约定，逐步扩大到范围共享时，也就发展演变成为规范和标准。

信息安全标准是在信息安全产品和系统设计、研发、生产、建设、使用、测评中解决其一致性、可靠性、可控性、先进性和符合性的技术规范和技术依据,统一标准是信息系统互连、互通、互操作的前提。信息安全标准是信息安全保障体系的重要组成部分,是进行宏观管理的重要手段。从国家意义上来说,信息安全标准关系国家的安全及经济利益,往往成为保护国家利益、促进产业发展的一种重要手段。

- **信息安全标准化组织**

早在1977年,世界上就出现了第一个数据加密标准,这是信息安全标准化工作的开端。随着通信技术和计算机网络的发展,国际信息安全标准化工作也于20世纪80年代有了较快的发展,在20世纪90年代已经引起了世界各国的普遍关注。目前,世界上与信息安全标准化有关的主要组织有:国际标准化组织、国际电工委员会、国际电信联盟、互联网工程任务组等。除上述主要的国际和地区性标准化组织外,第三代合作伙伴计划、第三代合作伙伴计划2、开放移动联盟、结构化信息标准促进组织、电信工业解决方案联盟、欧洲计算机制造商协会等专业性标准组织,以及英、德等国也制定了一些安全标准。

我国的信息安全标准化组织是全国信息安全标准化技术委员会,成立于2002年4月15日。它是国际标准化组织——信息安全网络安全和隐私保护分技术委员会的国内对口组织。该委员会主要负责全国信息安全技术、安全机制、安全服务、安全管理和安全评估等领域的标准化工作,负责统一协调信息安全国家标准年度计划项目的申报,并组织国家标准的送审和报批工作,是我国网络与信息安全国家标准的牵头组织。该委员会的标准研究工作采用工作组的方式进行,工作组根据需要进行组建和调整,以下是一些比较典型的工作组。

信息安全标准体系与协调工作组(WG1),任务包括:研究信息安全标准体系;跟踪国际信息安全标准发展动态;研究、分析国内信息安全标准的应用需求；研究并提出新工作项目及设立新工作组的建议；协调各工作组项目。

涉密信息系统安全保密标准工作组（WG2），任务包括：研究涉密信息系统安全保密标准体系；制定和修订涉密信息系统安全保密标准。

密码技术工作组（WG3），任务包括：研究提出密码技术标准体系；研究制定密码算法、密码模块和密钥管理等相关标准。

鉴别与授权工作组（WG4），任务包括：国内外PKI/PMI标准体系的分析；研究PKI/PMI标准体系；国内急用的标准调研；PKI/PMI基础性标准的制定。

信息安全评估工作组（WG5），任务包括：调研国内外测评标准现状与发展趋势；研究提出统一测评标准体系的思路和框架；研究提出信息系统和网络的安全测评标准思路和框架；研究提出急需的测评标准项目并制订计划。

通信安全标准工作组（WG6），任务包括：调研通信安全标准现状与发展趋势；研究提出通信安全标准体系；制定和修订通信安全标准。

信息安全管理工作组（WG7），任务包括：信息安全管理标准体系的研究；国内急用的标准调研；信息安全管理相关基础性标准的制定工作，如风险管理、安全事件管理、灾难备份等。

此外，公安部、国家安全部、国家保密局、国家密码管理局和中国通信标准化协会、网络与信息安全工作委员会等相继制定、颁布了一批信息安全的行业标准，为推动信息安全技术在各行业的应用和普及发挥了积极的作用。

- **信息安全技术标准**

信息安全技术标准从总体上可划分为六大类：基础标准、技术与机制标准、管理标准、测评标准、密码技术标准和保密技术标准。在每一大类的基础上，可按照标准所涉及的主要内容进行细分。信息安全技术标准体系总体框架如图5-2所示。

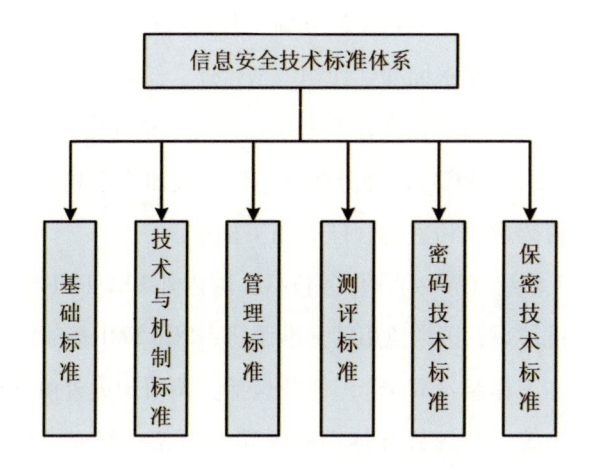

```
                    信息安全技术标准体系
                              │
        ┌─────────┬─────────┬─┴───────┬─────────┬─────────┐
        ▼         ▼         ▼         ▼         ▼         ▼
      基础      技术与     管理      测评      密码      保密
      标准      机制       标准      标准      技术      技术
                标准                          标准      标准
```

图 5-2　信息安全技术标准总体框架

基础标准负责安全术语、安全模型和安全框架的确立。其体系框架如图 5-3 所示。

```
              基础标准
                │
       ┌────────┼────────┐
       ▼        ▼        ▼
    安全术语  安全模型  安全框架
```

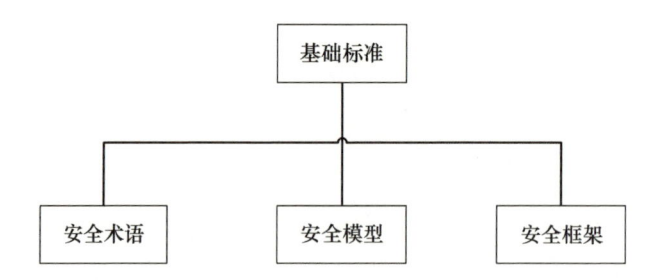

图 5-3　基础标准体系框架

在基础标准体系中，安全术语标准、安全模型标准和安全框架标准对应的国家标准编号、名称和对应的国际标准如表 5-1、表 5-2 和表 5-3 所示。

表 5-1　安全术语标准

序号	标准编号	标准名称	对应国际标准
1	GB/T 5271.8—2001	信息技术 词汇 第 8 部分：安全	ISO/IEC 2382-8：1998
2	GB/T 18237.4—2003	信息技术 开放系统互连 通用高层安全 第 4 部分：保护传送语法规范	ISO/IEC 11586-4：1996

表 5-2 安全模型标准

序号	标准编号	标准名称	对应国际标准
1	GB/T 17965—2000	信息技术 开放系统互连 高层安全模型	ISO/IEC 10745：1995
2	GB/T 18237.1—2000	信息技术 开放系统互连 通用高层安全 第1部分：概述、模型和记法	ISO/IEC 11586-1：1996
3	GB/T 18237.2—2000	信息技术 开放系统互连 通用高层安全 第2部分：安全交换服务元素（SESE）服务定义	ISO/IEC 11586-2：1996
4	GB/T 18237.3—2000	信息技术 开放系统互连 通用高层安全 第3部分：安全交换服务元素（SESE）协议规范	ISO/IEC 11586-3：1996
5	GB/T 18231—2000	信息技术 低层安全模型	ISO/IECTR 13594：1995
6	GB/T 17963—2000	信息技术 开放系统互连 网络层安全协议	ISO/IEC 11577：1995

表 5-3 安全框架标准

序号	标准编号	标准名称	对应国际标准
1	GB/T 16264.8—2005	信息技术 开放系统互连 目录 第8部分：公钥和属性证书框架	ISO/IEC 9594-8：2001
2	GB/T 18794.1—2002	信息技术 开放系统互连 开放系统安全框架 第1部分：概述	ISO 10181-1：1996
3	GB/T 18794.2—2002	信息技术 开放系统互连 开放系统安全框架 第2部分：鉴别框架	ISO 10181-2：1996
4	GB/T 18794.3—2003	信息技术 开放系统互连 开放系统安全框架 第3部分：访问控制框架	ISO 10181-3：1996
5	GB/T 18794.4—2003	信息技术 开放系统互连 开放系统安全框架 第4部分：抗抵赖框架	ISO 10181-4：1997

技术与机制标准包括标识与鉴别、授权与访问控制、实体管理和物理安全。其体系框架如图 5-4 所示。

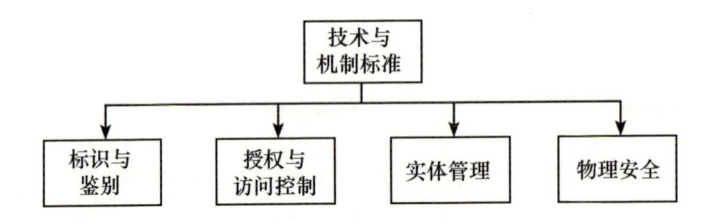

图 5-4　技术与机制标准体系框架

信息安全管理标准明确了管理基础、管理要素、管理支撑技术和工程与服务。其体系框架如图 5-5 所示。

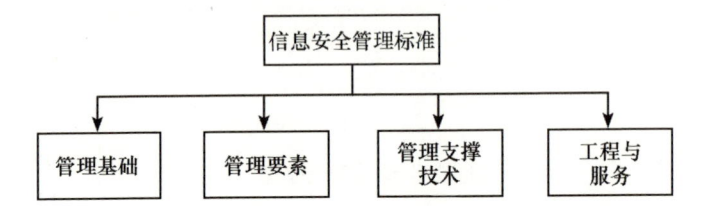

图 5-5　信息安全管理标准体系框架

信息安全测评标准包括测评基础标准、产品测评标准和系统测评标准。信息安全测评标准体系框架如图 5-6 所示。

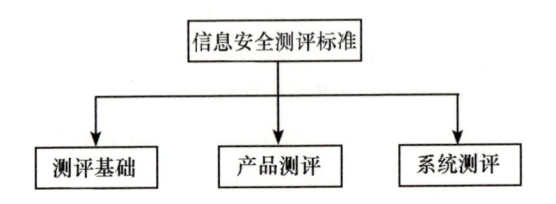

图 5-6　信息安全测评标准体系框架

密码技术标准涉及基础标准、管理标准和技术标准三个方面。其中，基础标准中明确了密码术语、密码算法配用和密钥配用等基本问题；技术标准涉及从协议到产品、从设备到服务等多个方面。其体系框架如图 5-7 所示。

保密技术标准分为技术标准和管理标准两个方面。其体系框架如图 5-8 所示。

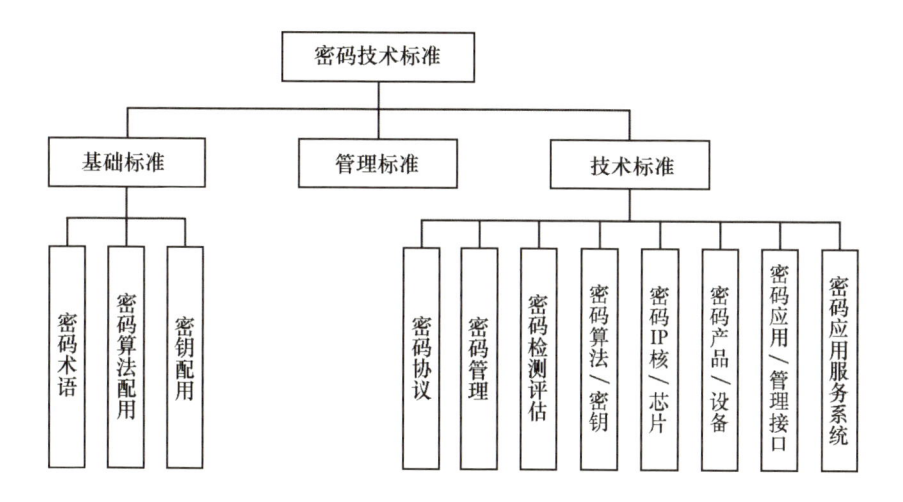

图 5-7　密码技术标准体系框架

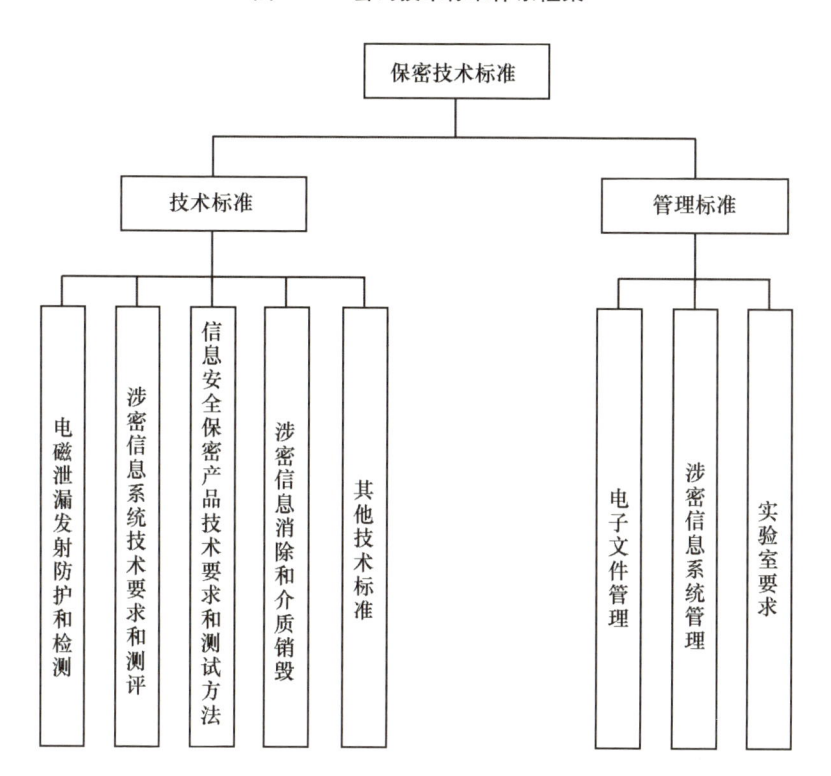

图 5-8　保密技术标准体系框架

2007年,我国颁布了《信息安全等级保护管理办法》,2008年颁布了《信息系统安全等级保护基本要求》,信息安全等级保护制度正式实施,俗称"等保1.0"。通过十余年的发展与实践,成为我国非涉密信息系统网络安全建设的重要标准,是诸多网络信息安全标准制度的重要参考,是行业网络安全建设的重要依据,由此标准也衍生了诸多行业安全标准。

2019年,国家发布《信息安全技术 网络安全等级保护基本要求》2.0版本。该版本在1.0版本的基础上,更加注重主动防御,保证从被动防御到事前、事中、事后全流程的安全可信、动态感知和全面审计,实现了对传统信息系统、基础信息网络、云计算、大数据、物联网、移动互联网和工业控制系统等级保护对象的全覆盖。

2. 信息安全技术与系统

信息安全技术与系统是信息安全协议与标准的具体实现,是实现信息与信息系统安全的软硬件基础设施和平台,是信息安全保障的基础设施。它可通过对网络入口的控制、信息传输控制与加密、安全检测监控等措施,实现保护信息与信息系统安全的目标。

信息安全技术与系统包括物理安全类、主机安全类、网络安全类、边界安全类、应用安全类、数据安全类、安全管理与支持类及其他类八个方面。

(1)物理安全类:采用一定信息技术实现的,用以保护系统、设备、设施以及介质免遭物理破坏(如地震、火灾等自然灾害以及直接窃取等人为破坏)的信息安全技术与系统。

(2)主机安全类:部署在主机设备上,用于保障主机运行和数据安全的信息安全技术与系统。

(3)网络安全类:部署在网络设备或通信终端上,用于防御针对网络通信的攻击,保障通信的可用性、保密性、完整性的信息安全技术与系统。

(4)边界安全类:部署在安全域的边界上,用于防御安全域外部对内部网络/主机设备进行渗透,或安全域内部网络/主机设备向外部泄露敏感信息的信息安全技术与系统。

（5）应用安全类：部署在特定的应用系统中，用于保障应用安全的信息安全技术与系统，如应用级别的身份鉴别和访问控制服务。

（6）数据安全类：防止信息系统数据被故意或无意非授权泄露、更改、破坏，或使信息被非法的系统辨识、控制，即确保数据的完整性、保密性、可用性和可控性的信息安全技术与系统。

（7）安全管理与支持类：为保障信息系统正常运行提供安全基础服务管理与支持，以及降低运行过程中安全风险的信息安全技术与系统。

可以进一步将信息安全技术与系统分为三级，一级分类编号为1位字母，二级分类编号为一级分类编号后增加1位数字，三级分类编号为二级分类编号后增加2位数字，如表5-4所示。

表5-4 信息安全技术与系统分类

一级分类		二级分类		三级分类	
编号	类别	编号	类别	编号	类别
A	物理安全	A1	环境安全	A101	区域防护
^	^	^	^	A102	容灾恢复计划辅助支持
^	^	^	^	A103	灾备防护
^	^	A2	设备安全	A201	设备防盗
^	^	^	^	A202	设备防毁
^	^	^	^	A203	防电磁信息泄露
^	^	^	^	A204	防线路截获
^	^	^	^	A205	抗电磁干扰
^	^	^	^	A206	电源保护
^	^	A3	介质安全	A301	介质保护
^	^	^	^	A302	介质数据安全

（续表）

一级分类		二级分类		三级分类	
编号	类别	编号	类别	编号	类别
B	主机安全	B1	身份识别	B101	电子信息鉴别（主机）
				B102	生物信息鉴别（主机）
		B2	主机防护	B201	可信计算
				B202	主机入侵检测
				B203	主机访问控制
				B204	个人防火墙
		B3	防恶意代码	B301	计算机病毒防治
				B302	特定代码防护
		B4	操作系统安全	B401	安全操作系统
				B402	操作系统安全部件
C	网络安全	C1	通信安全	C101	可用性保障（抗 DoS）
				C102	通信鉴别
				C103	通信保密
		C2	网络监测	C201	入侵检测
				C202	网络活动监测
		C3	内容安全	C301	信息内容过滤与控制
				C302	防信息泄露
D	边界安全	D1	边界隔离	D101	安全隔离卡
				D102	安全隔离与信息交换
		D2	入侵防范	D201	入侵防御系统
				D202	网络恶意代码防护
		D3	边界访问控制	D301	防火墙
				D302	安全路由器
				D303	安全交换机
		D4	网络终端安全	D401	终端接入控制
				D402	终端使用安全

（续表）

一级分类		二级分类		三级分类	
编号	类别	编号	类别	编号	类别
E	应用安全	E1	应用服务安全	E101	安全应用服务
				E102	电子信息鉴别（应用）
				E103	生物信息鉴别（应用）
		E2	应用服务安全支持	E201	应用数据分析
F	数据安全	F1	数据平台安全	F101	安全数据库
				F102	数据库安全部件
		F2	备份与恢复	F201	数据备份与恢复
G	安全管理与支持	G1	综合审计	G101	安全审计
		G2	应急响应支持	G201	应急计划辅助软件
				G202	应急设施
		G3	密码支持	G301	密钥管理
		G4	风险评估	G401	系统风险评估
				G402	安全性检测分析
		G5	安全管理	G501	安全产品管理平台
				G502	安全监控
Z	其他					

根据以上细分的信息安全技术与系统类别，可以进一步明确具体的安全功能需求，表 5-5 列举了相关类别、对应的安全功能需求和典型实现。

表 5-5 信息安全技术与系统功能需求及典型实现

编号	类别	安全功能需求	典型实现
A101	区域防护	a）人员出入控制 b）受保护资源控制 c）传感器网络	信息机房综合监控系统，含烟感监控、温湿度监控、门禁、动力、视频监控

（续表）

编号	类别	安全功能需求	典型实现
A102	容灾恢复计划辅助支持	a) 灾难发生前，对灾难的检测和报警 b) 灾难发生时，对正遭受破坏的系统或设备采取紧急措施，进行现场实时保护 c) 灾难发生后，对已经遭受某种破坏的系统或设备进行灾后恢复	机房消防工程、业务系统容灾备份、数据容灾备份
A103	灾备防护	a) 受灾的影响分析 b) 受灾恢复计划的概要设计或详细制订 c) 受灾恢复计划的测试与完善	安全风险评估、应急响应计划与实施
A201	设备防盗	在系统或设备中的部件上使用相关信息技术防盗手段（如信息系统网络探测报警），保障这些部件的安全性	防盗防火门、保险柜、电子防盗设备
A202	设备防毁	a) 对抗自然力的破坏，使用一定的防毁措施（如网络远程控制防护）保护信息系统设备和部件 b) 对抗人为的破坏，使用一定的防毁措施（如网络远程防拆报警）保护信息系统设备和部件	防盗报警系统
A203	防电磁信息泄露	a) 防止电磁信息的泄露 b) 干扰泄露的电磁信息	屏蔽机房工程
A204	防线路截获	a) 探测线路截获，发现线路截获并报警 b) 定位线路截获，发现线路截获设备工作的位置	线路测试仪、网络测试仪
A205	抗电磁干扰	a) 对抗外界对系统的电磁干扰 b) 消除来自系统内部的电磁干扰	屏蔽机房工程
A206	电源保护	a) 对工作电源的工作连续性的保护，如不间断电源 b) 对工作电源的工作稳定性的保护，如纹波抑制器	不间断电源、净化交流稳压电源
A301	介质保护	a) 介质的防盗 b) 介质的防毁，如防霉和防砸等	防火防磁文件柜

（续表）

编号	类别	安全功能需求	典型实现
A302	介质数据安全	a）介质数据的防盗，如防止介质数据被非法拷贝 b）介质数据的销毁，包括介质的物理销毁和介质数据的彻底销毁（如消磁等），防止介质数据删除或销毁后被他人恢复而泄露信息 c）介质数据的防毁，防止意外或故意的破坏使媒体数据丢失	存储介质销毁设备
B101	电子信息鉴别（主机）	a）基于智能卡的身份鉴别，包括 COS、芯片和读卡器 b）PKI/CA 证书身份鉴别 c）动态口令身份鉴别 d）基于电子标签 RFID 的身份鉴别	智能卡、CA 证书认证中心、动态口令、电子标签
B102	生物信息鉴别（主机）	a）基于生物特征的身份鉴别，如手形、指纹/掌纹、脸型、虹膜、视网膜、脉搏、耳廓等 b）基于行为特征的身份鉴别，如签字、声音、按键力度等	指纹识别器
B201	可信计算	利用可信计算机平台模块，对主机用户进行身份鉴别以及信息加密，目的是提供可信计算环境	可信计算机、可信计算服务
B202	主机入侵检测	对已经抵达主机的数据进行监测，从主机或服务器上采集包括操作系统日志、系统进程、文件访问和注册表访问等信息数据，并根据事先设定的策略判断数据是否异常，从而决定采取报警、控制等措施，目的是对入侵主机行为进行发现和阻止	主机入侵检测系统
B203	主机访问控制	a）自主访问控制 b）强制访问控制 c）基于角色的访问控制	用户和权限管理系统
B204	个人防火墙	针对主机设备的网络出站/入站提供保护功能，如主机包过滤、应用程序访问控制等，一般为软件，目的是对主机提供网络综合防护	基于主机的防火墙产品

（续表）

编号	类别	安全功能需求	典型实现
B301	计算机病毒防治	提供对计算机病毒的防治，侧重于防护本地计算机资源。计算机病毒防治产品是通过对内容或行为的判断建立系统保护机制，目的是预防、检测和消除计算机病毒	恶意软件检测与查杀系统
B302	特定代码防护	针对特定恶意代码（如木马、恶意脚本）的防范，提供阻止和查杀的功能，目的是预防、检测和消除特定恶意代码	恶意软件检测与查杀系统
B401	安全操作系统	系统设计、实现和使用等各个阶段都遵循一套完整安全策略，目的是在操作系统层面保障系统安全	麒麟天机操作系统
B402	操作系统安全部件	a）通过构建安全模块，增强现有操作系统的安全性 b）通过构建安全外罩，增强现有操作系统的安全性	SELinux
C101	可用性保障（抗DoS）	a）当遇到大量用户请求时，可以识别出合法用户的请求而给予响应 b）当遇到大量用户请求时，可以动态分配资源从而保障通信的畅通	负载均衡设备
C102	通信鉴别	a）信息的接受者可以确认数据发起者的身份 b）抗原发抵赖，确保信息的发起者不能否认曾经发送的信息 c）抗接收抵赖，确保信息的接收者不能否认接收过信息	PKI/PMI 解决方案
C103	通信保密	a）采用密码技术对传递的数据进行加密，确保攻击者即使截获数据仍无法解析出明文 b）采用信息隐藏技术实现数据的隐蔽传输，确保攻击者即使截获数据仍无法获取隐藏的数据	虚拟专网解决方案，信源、信道加密机

（续表）

编号	类别	安全功能需求	典型实现
C201	入侵检测	在安全域内部针对网络入侵进行监测，目的是弥补防火墙等边界安全产品的不足，及时发现网络中违反安全策略的行为和被攻击的迹象。它可以自动识别各种入侵模式，在对网络数据进行分析时与这些模式进行匹配，一旦发现某些入侵的企图，就会报警	入侵检测系统、入侵防御系统
C202	网络活动监测	在安全域内部针对网络传输信息，根据不同的网络协议进行监测，对网络通信信息进行记录并还原，还可根据预先设置好的安全策略发现网络活动异常，目的是为管理员进行网络管理提供支持	网络管理系统
C301	信息内容过滤与控制	a）文本过滤 b）图片过滤 c）多媒体流过滤 d）反垃圾邮件	上网行为管理、网络舆情监测
C302	防信息泄露	a）网络输出控制 b）外设接口输出控制	审计管理、操作授权管理、数据加密
D101	安全隔离卡	a）物理断开（卡） b）单向隔离（卡）	安全隔离卡
D102	安全隔离与信息交换	a）协议隔离 b）网闸	网络隔离设备
D201	入侵防御系统	a）边界入侵阻断 b）蜜罐	入侵防御系统
D202	网络恶意代码防护	a）防病毒网关 b）网际恶意代码防护	安全网关
D301	防火墙	在边界上针对信息系统的网络数据流入/流出提供过滤和保护，目的是阻止安全域外部连接进入内部，以及通过网络手段阻断特定内外连接	网络防火墙系统

（续表）

编号	类别	安全功能需求	典型实现
D302	安全路由器	集成常规路由功能与网络安全功能，除普通路由功能以外，它内置防火墙、IPSEC等模块，提供网络互连、流量控制、网络和信息安全维护等安全功能，目的是阻止安全域外部连接进入内部，以及保障网络通信的安全性	路由器安全解决方案
D303	安全交换机	在传统的交换功能的基础上，提供了基于ACL的报文过滤、CPU过载保护、广播风暴控制、VLAN、基于802.1X的接入控制、交换机与IDS系统的联动等安全功能，目的是保障安全域数据交换的安全性	交换机安全解决方案
D401	终端接入控制	提供对接入系统的终端进行访问控制的功能，能发现终端接入系统的行为，并能根据访问控制策略采取行动（如允许授权终端接入、断开非授权的终端连接等），目的是通过对终端接入的控制，保障安全域边界安全	用户准入控制系统、用户接入管理系统、内网安全管理与审计系统
D402	终端使用安全	提供对接入系统的终端的保护功能，能够防止对终端的未授权使用（如终端使用口令保护等），目的是通过对终端的保护，保障安全域边界安全	内网安全管理与审计系统
E101	安全应用服务	a) 互联网交易软件安全 b) 办公自动化公文流转软件安全 c) 网络信息发布系统安全 d) 电子签章系统安全 e) 其他应用系统安全	各类应用相关的安全管理系统
E102	电子信息鉴别（应用）	a) 基于智能卡的身份鉴别，包括COS、芯片和读卡器 b) PKI/CA证书身份鉴别 c) 动态口令身份鉴别 d) 基于电子标签RFID的身份鉴别	智能卡、CA证书认证中心、动态口令、电子标签

（续表）

编号	类别	安全功能需求	典型实现
E103	生物信息鉴别（应用）	a）基于生物特征的身份鉴别，如手形、指纹/掌纹、脸型、虹膜、视网膜、脉搏、耳廓等 b）基于行为特征的身份鉴别，如签字、声音、按键力度等	指纹识别器
E201	应用数据分析	为服务提供应用层面的数据分析，包括应用数据审计、统计、查询、分析等，目的是提高应用服务运行的安全性	数据分析产品
F101	安全数据库	系统设计、实现、使用和管理等各个阶段都遵循完整系统安全策略，目的是在数据库层面保障数据安全	在通用数据库的基础上进行安全增强，通常包括：安全标记及强制访问控制、数据安全存储、数据通信加密、强化身份鉴别、安全审计、三权分立等安全机制等
F102	数据库安全部件	以现有数据库系统所提供的功能为基础构建安全模块，以安全部件的形式增强现有数据库系统的安全性，目的是在数据库层面保障数据安全	数据库审计与风险控制系统
F201	数据备份与恢复	提供对信息系统中的数据进行备份与恢复的功能，如网站备份与恢复及应用服务器备份与恢复等，目的是保障数据安全	数据备份与恢复解决方案
G101	安全审计	a）主机安全审计，针对主机进程调用及文件访问等事件进行审计 b）网络安全审计，针对网络数据进行审计 c）数据库安全审计，针对数据库活动进行审计 d）日志分析，针对指定审计数据的数据分析与挖掘	安全审计与风险控制系统

（续表）

编号	类别	安全功能需求	典型实现
G201	应急计划辅助软件	a) 紧急事件或安全事故发生时的影响分析 b) 应急计划的概要设计或详细制订 c) 应急计划的测试与完善	安全风险评估、应急响应计划与实施
G202	应急设施	a) 提供实时应急设施，实现应急计划，保障信息系统的正常安全运行 b) 提供非实时应急设施，实现应急计划	本地和远程容灾备份系统
G301	密钥管理	a) 密钥的产生、分配、访问和销毁等 b) 数字证书的产生、分配、发放和销毁等	PKI/PMI 解决方案
G401	系统风险评估	参照风险评估标准和管理规范，对信息系统的资产价值、潜在威胁、脆弱性和已采取的安全防护措施进行分析，判断安全事件发生的概率和可能造成的损失，提供风险控制解决方案	信息安全风险评估解决方案
G402	安全性检测分析	a) 操作系统安全性检测分析 b) 数据库及数据库管理系统安全性检测分析 c) 传输、网络系统安全性检测分析 d) 应用系统安全性检测分析 e) 硬件系统安全性检测分析 f) 攻击性和渗透性检测分析	安全评估系统、安全审计与风险控制系统、网络漏洞扫描软件、渗透测试安全性分析解决方案
G501	安全产品管理平台	通过信息交换、存储和处理平台能够对各安全产品进行控制管理，目的是解决各个安全产品之间的协作问题。该平台允许授权主体对安全属性（访问控制列表、能力表等）进行查看或修改，提供对角色的统一管理，对日志信息进行统一收集和处理	安全管理中心、安全管理平台

（续表）

编号	类别	安全功能需求	典型实现
G502	安全监控	a）远程监测，对远程主机的在线状态、系统资源、软件安装、服务、进程、外设使用、上网等情况进行实时监测 b）非授权外联监控，对受保护网络内部主机在安全策略允许之外通过调制解调器、双网卡、无线设备（如 CDMA、GSM、GPRS、WLAN 等）等非授权途径与外部网络进行连接的情况加以监测、报警及阻断	安全风险管理与审计系统

3. 信息安全体系结构

信息安全体系结构是信息安全技术与系统的顶层设计和基本架构。它用于建立信息安全保障体系结构的准则，目的是确保构造的安全保障系统满足特定的需求。其内容通常包括：安全服务与安全机制、安全技术管理、安全标准、安全系统装备体制、安全产品体系、安全系统发展描述、安全系统建构策略、安全系统最低配置模式、安全系统理想配置模式以及安全系统技术、战术指标等。目前，信息安全体系结构可分为动态自适应网络安全模型、WPDRRC 模型等。

- **动态自适应网络安全模型**

动态自适应网络安全模型又称 P2DR 模型（如图 5-9 所示），即 policy（策略）、protection（防护）、detection（检测）和 response（响应）。按照

图 5-9 动态自适应网络安全模型

P2DR 的观点，一个完整的动态安全体系，不仅需要恰当的防护（如操作系统访问控制、防火墙、加密等），而且需要动态的检测机制（如入侵检测、漏洞扫描等），在发现问题时还能及时响应。这样的体系需要统一的、一致的安全策略指导，从而形成一个完备的、闭环的动态自适应安全体系。

P2DR 模型是建立在时间的安全理论基础之上的，它反映了一个观点，即"及时的检测和响应就是安全"。D_t 定义为在攻击发生时，检测系统发挥作用，检测出攻击行为需要的时间；R_t 定义为检测到攻击之后，系统做出应有的响应动作所需的时间，即响应时间；P_t 定义为攻击成功所需时间，即安全体系能够提供的防护时间。要实现安全，必须让防护时间大于检测时间加上响应时间，即 $P_t > D_t + R_t$。

P2DR 模型基本上体现了比较完整的信息安全体系的思想，勾画出信息安全体系建立之后一个良好的表现形态。近十年来，该模型被普遍使用。不过，P2DR 也有不够完善或者不够明确的地方，那就是对系统恢复的环节没有足够重视。

在 P2DR 模型中，恢复（recovery）环节包含在响应（response）环节中，作为事件响应之后的一项处理措施。不过，随着人们对业务连续性和灾难恢复愈加重视，尤其是"9·11"事件发生之后，人们对 P2DR 模型有了新的认识，于是，PDRR 模型（如图 5-10 所示）应运而生。

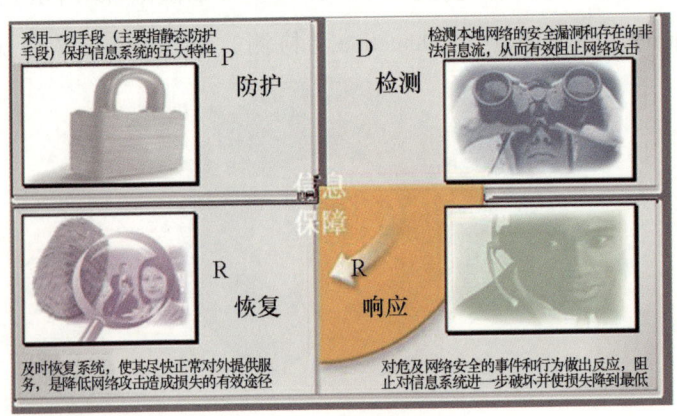

图 5-10 PDRR 模型

PDRR 模型，或者叫 PPDRR（或者 P2DR2），与 P2DR 唯一的区别就是把恢复（recovery）环节提到了和防护、检测、响应等环节同等的高度。在 PDRR 模型中，策略、防护、检测、响应和恢复共同构成了完整的安全体系。恢复环节对于信息系统和业务活动的生存起着至关重要的作用，只有制订并采用完善的恢复计划和机制，信息系统才能在重大灾难事件中尽快恢复并延续业务。

- **WPDRRC 模型**

WPDRRC 模型由我国"863"计划信息安全技术专家组推出（如图 5-11 所示）。保护、检测、恢复、响应这几个阶段并不是孤立的，构建信息安全保障体系必须从安全的各个方面进行综合考虑，只有将人员、策略、技术等方面紧密结合，安全保障体系才能真正成为指导安全方案设计和建设的有力依据。

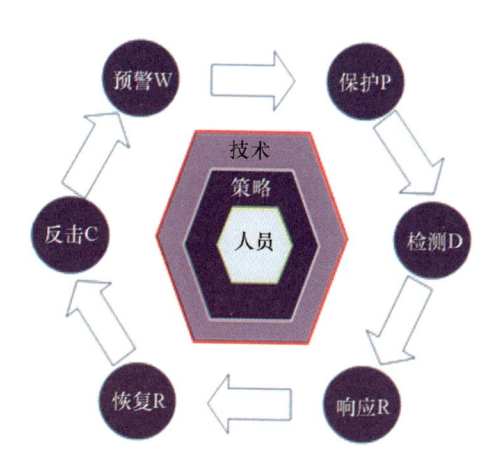

图 5-11 WPDRRC 模型

该模型全面涵盖了各个安全因素，突出了人员、策略、技术的重要性，反映了各个安全组件之间的内在联系。其中，人员是核心，策略（包括法律、法规、制度、管理）是桥梁，技术落实在 WPDRRC 六个环节的各个方面，在各个环节中起作用。

W（warning，预警）：根据对系统的脆弱性分析、趋势判断及历史安全事件等，预测可能受到的攻击及危害。其技术包括：风险分析、病毒预报、网络入侵趋势预报、系统脆弱性分析和系统补丁预告等。其关键技术在于采用多检测点数据收集和智能化的数据分析方法检测是否存在某种恶意的攻击行为，并评测攻击的威胁程度及攻击的本质、范围和起源，同时预测敌方可能的行动。

P（protect，保护）：采用一系列的手段（识别、认证、授权、访问控制、数据加密）保障数据的保密性、完整性、可用性、可控性和不可否认性等。

D（detect，检测）：利用分析工具检查系统存在的可能提供黑客攻击、犯罪、病毒泛滥的脆弱性和漏洞，采用行政、技术手段检查失/泄密、网络入侵和病毒传播等安全问题。其技术包括系统脆弱性检测和分析、入侵检测、网络监控、病毒检测和特定安全问题诊断等。

R（respond，响应）：对危及安全的事件、行为、过程及时做出响应处理，杜绝危害的进一步蔓延扩大，力求系统能提供正常服务。其技术包括审计跟踪、事件报警、应急处理等。

R（restore，恢复）：一旦系统遭到破坏，将采取一系列的措施，如文件的备份、数据库的自动恢复等，尽快恢复系统功能，提供正常服务。其技术包括数据备份与恢复、容错技术和系统容灾技术等。

C（counter-attack，反击）：利用相关侦察工具，依据系统日志、审计记录等，取得证据，提供犯罪的线索和依据，并保留对敌采取反制的措施。其技术包括日志分析、安全审计、还原复制、数据检查、系统分析等。

WPDRRC反映了"纵深防御"的思想，与传统的防御策略相比，纵深防御主要体现以下几种信息保障原则：一是多点防御和多层防御；二是根据所保护对象存在的安全威胁确定安全强度；三是采用的安全基础设施必须能够支持所有集成的信息保障技术，并具有高强度的抗攻击性能；四是所采用的防御措施必须能够检测入侵行为，并可根据对检测结果的分析做出相应的反应。从技术上讲，纵深防御策略的实施框架主要体现为在主机、网络、网络边界等三个环节实现保护、检测、响应、恢复等四项安全保障。

技术手段层是军事信息安全保障体系的重要组成部分。构建军事信息安全保障体系，在这一层面，主要是发展信息安全关键技术，研制应用自主可控的各类信息安全保障技术手段，推广应用自主可控的芯片、操作系统、数据库管理系统、存储设备、网络协议等技术产品，建立密码密钥、身份认证、测评认证、容灾备份等安全基础设施。

5.2.2 保障力量层

保障力量层，主要是指在统一组织领导下，针对各个保障环节的需要，建立的结构合理、规模适度的信息安全保障专业力量，以确保每个环节都有专业的力量担负安全保障任务。军事信息安全保障力量，主要包括信息安全技术研发力量、信息安全系统维护保障力量、信息安全系统管理人员等。

1. 技术研发力量

信息安全技术研发力量，是担负军事信息安全保障技术研究、软件开发、指导运用，以及承担军事信息安全保障设施建设、硬件研制的专业人员。信息安全管理技术、设施是保证信息安全的基础，因而，信息安全技术研发力量在信息安全保障力量中具有基础性的重要地位。

2. 系统维护保障力量

军事信息安全系统需要人来正确地运用和维护。升级现有信息安全软件，改造现有信息安全设备，开发潜能，增加技术含量，提高综合效能，都需要信息安全系统维护保障力量发挥核心作用。随着信息技术发展及其在战争中广泛运用，信息安全系统维护保障力量在军队建设和作战中的地位越来越突显。资料表明，发达国家军队的各级作战指挥机构中的技术人员已经占很高的比例，美军师旅指挥机构人员中技术人员达到30%以上。军事信息安全保障系统能否良好运行，在很大程度上取决于军队信息安全系统维护保障力量的数量的多少和质量的高低。

3. 系统管理人员

信息安全系统管理人员，包括处于信息安全保障系统决策层、管理层、执行层等各个层次的管理人员。决策层主要是指军事信息安全保障主管部门的领导人员，负责制定军队信息安全方面的政策制度和规划计划，对军事信息安全保障履行全面、统一的指导职能。管理层主要是指负责决策实施、协调的人员，对军队信息资源、网络资源及其他基础设施的安全保障工作行使组织领导、控制等职能。执行层主要是指掌握信息安全保障专业知识和技能、直接从事信息安全保障系统运用和维护的管理人员。

5.2.3 政策法规层

政策法规层，主要是建立配套的军事信息安全保障法律、法规、规章、制度等。其主要作用是规划军队信息安全的长远发展，规范平时、战时军事信息安全保障工作。它对信息系统主体及其与外界关联行为进行规范和约束，具有强制性约束力。

1. 信息安全法律

信息安全法律，处于军事信息安全保障法规体系的最高层次，是国家针对信息安全保障的特别需要而制定的法律。信息安全法律所规范和调整的社会关系主体广泛，立法程序严格，具有较强的稳定性，是制定军事信息安全保障法规和规章的基本依据。

2. 信息安全法规

信息安全法规，在军事信息安全保障法规体系中处于第二层次，是制定军事信息安全保障规章和行政规章的基本依据。信息安全法规，主要对信息系统安全的重要方针、政策等做出比较具体的规定。

3. 信息安全规章

信息安全规章，在军事信息安全保障法规体系中处于第三层次，由军队各军兵种、各层级单独或联合发布，是从属于信息安全法规的规范性文件，在国家和军队的一定范围内具有法律和政策规范效力。

5.2.4 体系运行层

军队网络信息安全的实现，依赖于整个军事信息安全保障体系的良好运行。在体系运行过程中，按照时间的先后，涉及包括风险评估、监测预警、系统容灾、安全管理和信息反制若干环节。必须综合运用信息安全保障的技术手段、专业力量和法规制度，尤其要抓好风险评估、系统容灾和安全管理这几个重要环节。

1. 风险评估

信息安全注重的是保护信息资产免受威胁。绝对安全是不可能的，只能通过一定的措施把风险降低到一个可接受的程度。不存在一个"以不变应万变"的通用的安全解决方案。信息安全首先要解决的问题就是明确信息系统目前与未来的风险所在，充分评估这些风险可能带来的威胁与影响的程度，做到"对症下药"。

- **概念**

风险评估是指运用科学的方法手段，系统分析网络与信息系统面临的威胁及其脆弱性，评估信息安全事件一旦发生可能造成的后果，及时发现安全漏洞和隐患，有针对性地提出防护对策和整改措施，为化解和控制信息安全风险提供科学依据。

- **任务**

在风险评估过程中，有几个关键的问题需要考虑。第一，保护的对象（或者资产）是什么？它的直接和间接价值如何？第二，资产面临哪些潜在威胁？导致威胁的问题在哪里？威胁发生的可能性有多大？第三，资产中存在哪些弱点可能会被威胁所利用？利用的难易程度又如何？第四，一旦威胁事件发生，组织会遭受怎样的损失或者面临怎样的负面影响？第五，组织应该采取怎样的安全措施才能将风险带来的损失降到最低程度？解决以上问题的过程，就是风险评估的过程。

因此，风险评估的主要任务包括：识别评估对象面临的各种风险；评估风险概率和可能带来的负面影响；确定组织承受风险的能力；确定风险消减和控制的优先等级；推荐风险消减对策。

- **途径与方法**

风险评估的操作范围可以是整个单位或者组织，也可以是组织中的某一部门，或者是独立的信息系统、特定的系统组件和服务。影响风险评估进展的因素，包括评估时间、粒度、展开幅度和深度，都应与待评估组织的业务环境和安全要求符合。应该针对不同的情况选择恰当的风险评估途径。目前，实际工作中经常使用的风险评估途径包括基线评估、详细评估和组合评估三种。

基线评估。所谓的安全基线，是在诸多标准规范中规定的一组安全控制措施或者惯例，这些措施和惯例适用于特定环境下的所有系统，可以满足基本的安全需求，能使系统达到一定的安全防护水平。如果本单位组织运作不是很复杂，并且单位内部对信息处理和网络的依赖程度不是很深，或者军事信息系统多采用普遍且标准化的模式，基线评估就可以直接而简单地实现基本的安全水平。

采用基线评估，可以根据本单位或组织的实际情况（如所在部队性质、军事业务环境与性质等），对信息系统进行安全基线检查（即通过将现有的安全措施与安全基线规定的措施进行比较，找出其中的差距），得出基本的安全需求，通过选择并实施标准的安全基线来消减和控制风险。可以根据以下资源来选择安全基线：一是国际标准和国家标准，例如 BS 7799 – 1、ISO/IEC TR 13335 – 4 和《中华人民共和国计算机信息系统安全保护条例》等；二是行业标准或推荐标准，例如德国联邦安全局 IT 基线保护手册；三是来自其他有类似业务目标和规模的组织的惯例。

基线评估的优点是耗费资源少、周期短、操作简单，对于环境相似且安全需求相当的诸多组织，基线评估是经济有效的风险评估途径。当然，基线评估也有其难以避免的缺点，比如基线水平的高低难以设定，如果过高，可能导致资源浪费和限制过度；如果过低，可能难以达到充分的安全。此外，在管理安全相关的变化方面，基线评估比较困难。

详细评估。详细评估要求对单位或组织的资产进行详细识别和评价，对可能引起风险的威胁和弱点水平进行评估，根据风险评估的结果来识别和选择安全措施。详细评估分为以下三个阶段（如图 5-12 所示）：

图 5-12　详细评估流程示意图

首先，前期准备阶段根据信息系统收集并调查相关信息，将信息系统资产划分为管理相关资产、物理环境相关资产、网络相关资产、业务应用系统相关资产等。在对每项资产进行评估时，主要考量资产对于系统业务、组织利益以及军事安全的重要程度，从而确定其应用何种保护等级。

其次，现场调查阶段对信息系统可能面临的威胁和系统的脆弱性进行评估。对需要保护的信息资产进行威胁分析，确定潜在的威胁；根据系统脆弱性和有关的统计数据，判断威胁发生的可能性和频率、系统自身脆弱性的严重程度；根据信息资产价值，判断威胁发生后所造成的损失和影响。在此基础上，进行关联分析，评估信息系统面临的潜在安全风险，进一步明确一旦安全事件发生，应采取什么强度的安全措施才能将影响控制在可接受的范围内。

最后，风险分析阶段进行等级化风险评估。主要目的是了解信息系统安全现状，评估系统是否满足相应的安全等级保护要求，明确与安全等级要求之间的差距。根据等级化风险评估的结果，决定是否对安全措施进行相应的改进。

这种评估途径集中体现了风险管理的思想，即识别资产的风险并将风险降低到可接受的水平，以此证明管理者所采用的安全控制措施是恰当的。详细评估的优点在于：组织可以通过详细的风险评估对信息安全风险有一个准确的认识，并且准确定义出组织目前的安全水平和安全需求；详细评估的结果可用来管理安全变化。当然，详细评估可能非常耗费资源，包括时间、精力和技术，因此，应该仔细设定待评估的信息系统范围，明确系统环境、操作和信息资产的边界。

组合评估。基线评估耗费资源少、周期短、操作简单，但不够准确，适合一般环境的评估；详细评估准确而细致，但耗费资源较多，适合严格限定边界的、较小范围内的评估。实践当中，多是采用两者结合的组合评估方式。决定选择哪种风险评估途径时，首先可以对所有的信息系统进行一次初步的高级风险评估，着眼于信息系统的军事价值和可能面临的风险，识别出组织内具有高风险的，或者对其应用业务运作极为关键的信息资产或系统，这些资产或系统应该划入详细评估的范围，而其他系统则可以通过基线评估直接选择安全措施。这种评估途径将基线评估和详细评估的优势结合起来，既节省了评估所耗费的资源，又能确保获得一个全面系统的评估结果；而且，资源和资金能够应用到最能发挥作用的地方，具有高风险的信息系统能够被预先关注。当然，组合评估也有缺点：如果初步的高级风险评估不够准确，某些本来需要详细评估的系统也许会被忽略，最终导致结果失准。

在风险评估过程中，可以采用多种操作方法，包括基于知识的分析方法、基于模型的分析方法、定性分析和定量分析，无论何种方法，目标都是找出组织信息资产面临的风险及其影响，以及目前安全水平与组织安全需求之间的差距。

风险评估是信息安全保障的基础性工作，是实现风险管理的重要方法和手段。因而，必须努力推动重要军事信息系统和国防基础信息网络的风险评估工作，提高风险控制能力，提升信息安全保障水平。

2. 系统容灾

根据《重要信息系统灾难恢复指南》中的定义，灾难是指由于人为或自然的原因，造成信息系统运行严重故障或瘫痪，使信息系统支持的业务功能停顿或服务水平不可接受、达到特定时间的突发性事件。典型的灾难事件是自然灾难，如火灾、洪水、地震、飓风等，还有业务运营所需的服务中断，如设备故障、软件错误、电信网络中断和电力故障等。此外，人为因素往往也会造成灾难，如操作错误、破坏、植入有害代码和恐怖袭击等。

- 概念

信息系统的灾难备份与灾难恢复的过程称为系统容灾。系统容灾的目的是在突发或紧急情况下使得灾难造成的损失降到最低限度，更好地保护重要数据，保证信息系统的连续、安全、可靠运行。系统容灾是降低灾难发生造成的损失和保证信息系统连续运行的重要措施。

系统容灾包含两个方面，即灾难备份与灾难恢复。灾难备份是指为了灾难恢复而对数据、业务处理系统、网络系统、基础设施、技术支持能力和运行管理能力进行备份的过程。灾难恢复是指为了将信息系统从灾难造成的故障或瘫痪中恢复到可正常运行状态，并将其支持的业务功能从灾难造成的不正常状态恢复到可接受状态而设计的活动或流程。灾难备份是灾难恢复的基础。

- 分类

由于系统容灾包含的内容比较广泛，对系统容灾的分类可以从容灾的范围和容灾的内容来区分。

从容灾的范围讲，系统容灾可以分为本地容灾、近距离容灾和远距离容灾。这三种系统容灾能容忍的灾难是不相同的，采用的容灾技术也是不同的。传统的本地容灾技术（如本地双机热备份技术、磁盘镜像技术等）能避免各种软硬件故障、人为操作失误和病毒侵袭等造成的破坏，保障数据安全，但当面临大范围灾害性突发事件，如恐怖袭击、火灾、地震等自然灾害时，本地生产系统遭到严重破坏，就需要采用近距离容灾乃至远距离容灾技术。近距离容灾是在楼栋、园区或同城内，通过局域网等技术手段实现。远距离容灾是在两个或多个物理分布场地上对硬件、数据和应用进行冗余处理，当一个场地遭受到恐怖袭击或火灾、地震等自然灾害导致运行环境失效时，另一个系统将继续进行信息处理和业务运行，完成事务的提交和消息发送。

从容灾的内容讲，容灾又可以分为数据级容灾、系统级容灾和应用级容灾，本质上讲，三种容灾层次是密不可分的。数据级容灾是系统级容灾和应用级容灾的基础，没有数据的一致性，就没有系统和应用的连续性，系统级容灾和应用级容灾也是无法保证的。

数据级容灾是指建立一个异地或本地的数据系统，作为生产系统关键业务数据的一个备份。数据级容灾系统需要采取措施来保证业务数据的完整性、可靠性和安全性。数据级容灾只是对业务数据备份，不对系统数据与应用程序进行备份，需要通过安装盘重新安装来进行系统的恢复。

系统级容灾不但需要进行业务数据的备份，而且要对信息系统的数据库系统、系统数据、运行环境、网络环境等进行备份，以便迅速恢复整个系统。系统级容灾需要同时保证业务数据、系统数据和网络系统的完整性、可靠性和安全性。系统级容灾主要是通过在异地或本地建立和维护一个备份系统，利用地理上的分散性来保证信息系统对于灾难性事件的抵御能力。系统级容灾同数据级容灾的最大区别在于：在整个系统都失效时，用灾难恢复措施能够迅速恢复系统运行；而数据级容灾则不行，如果系统失效，在开始数据恢复之前，必须建立起与生产系统一致的运行环境。

应用级容灾提供不间断的应用服务，在灾难发生时，让用户的服务请求能够透明（用户对灾难的发生毫无觉察）地继续运行，保证信息系统所提供服务的完整性、可靠性和安全性。应用级容灾要同时进行业务数据和业务应用的异地备份。当某地的一个应用节点突然停掉，容灾系统能够在另外一个地方启动相同的应用。这就需要建立一个同生产系统功能完全一致（包括数据与应用的一致）的备份系统。在未发生灾难的情况下，生产系统提供信息服务，备份系统则实时跟踪生产系统的处理或备份生产系统的相关信息，保证在灾难发生时，能将信息服务功能切换到备份系统，使其承担生产系统的职责，而且服务对于用户完全透明，没有任何损失和影响。应用级容灾是在数据级容灾和系统级容灾的基础上，增加对整个应用的实时备份，实现的难度大、费用高，因此一般用于对业务连续性要求很高的系统中。

- **发展趋势**

传统的容灾技术主要以业务数据的备份与恢复为中心，没有深入考虑系统和网络的备份与恢复，同时也没有从确保业务连续性的角度考虑信息系统的灾难备份和恢复的分级。业务连续性，顾名思义，就是保证服务和业务的顺畅运行，它不仅仅指系统的不间断运行，更是保证业务的不间断运行。随着信息技术的发展，信息系统在军事中的应用日益广泛和重要，简单的数据备份方式已经无法满足军事信息系统的高可靠性需求。很多关键军事应用，如文电、情报等关键业务系统，在灾难发生时，需要在几小时内，甚至几十秒内迅速恢复运行，因此需要订立切实可行的业务连续性计划，同时在危机突然降临时，能有效执行此计划。因此，当前系统容灾的工作重点已经由数据备份与恢复过渡到保持业务连续性上来。

系统容灾应兼顾技术和管理两个方面，在技术层面主要偏重于灾难备份与恢复的相关技术，在管理层面主要侧重于灾难备份与恢复计划的制订以及实施。设计容灾系统需要考虑多方面的因素，包括：灾难备份及恢复的范围、生产系统和备份系统之间的距离和连接方法、灾难发生时系统要求的恢复速度、能容忍丢失的数据量、备份系统的管理和经营方法，以及可投入的资金等，随着系统容灾能力的提高，其灾难备份及恢复的范围越来越广，生产系统和备份系统之间的连接能力越来越强，灾难发生时系统要求的恢复速度越来越快，能容忍丢失的数据量越来越小，备份系统的管理和经营方法越来越复杂，可投入的资金越来越多。

系统容灾是军事信息安全保障的重要环节，对于确保军事信息系统的数据安全和部队业务连续性、避免重要功能中断、保障军队信息网络稳定运行具有十分重要的意义。应当组织制定相关应急预案，开展相应的应急演练，为处置信息安全突发事件创造条件。

3. **安全管理**

信息安全保障是一个动态的过程，需要对其生命周期进行全过程的管理。

管理是一门科学，要统筹规划信息安全保障的管理策略，制定和执行管理规章制度，提供和执行安全管理技术、设备和服务。安全管理一般由安全管理策略、安全制度管理、安全培训管理和安全管理技术四部分组成。

- **安全管理策略**

安全管理策略是一套既定的规则，安全管理的所有行为必须遵循此套规则。一般而言，安全管理策略包括五个方面：一是综合治理策略，即从法律威慑、管理制约、技术防护和信息安全基础设施可用性等方面进行综合管理；二是分权制衡策略，即采用分权制衡的原则减少授权的修改或滥用系统资源的机会，对特定职能或责任域的管理、执行功能实施分离，独立审计，避免操作权力过分集中；三是最小特权策略，即任何实体（如用户、管理员、进程、应用或系统）仅享有该实体需要完成其任务所必需的特权，不应享有任何多余特权；四是成熟技术选用策略，即成熟的技术可以提供可靠性、稳定性保证，采用新技术时要重视其成熟的程度，如果新技术势在必行，应该首先局部试点，然后逐步推广，减少或避免可能出现的损失；五是适度安全策略，即信息安全保障不是绝对的，它是系统的开销（经费、效率、易用性）与系统风险可承受能力之间平衡的结果，寻求一个科学的平衡点是适度安全策略的核心。

- **安全制度管理**

安全制度管理是指组织内部依据系统必要的安全需求制定的一系列内部规章制度，主要内容包括：安全管理和执行机构的行为规范、岗位设定及操作规范、岗位人员的素质要求及行为规范、内部关系与外部关系的行为规范等。安全制度管理是安全政策法规的形式化、具体化，是法律、法规与管理对象的接口。

- **安全培训管理**

安全培训管理是安全操作的前提。培训内容包括：法律法规培训、内部制度培训、岗位操作培训、安全意识培训、业务素质与技能技巧培训等。培训的对象不仅包括从事安全管理的人员，还包括信息系统有关的所有人员。

- **安全管理技术**

安全管理技术的保障作用集中体现在为体系安全运行提供管理上的技术保证，包括提供管理手段、管理技术和管理设备，此外，还包括系统资产管理技术、信息资源管理技术等诸多方面的技术支持。安全管理技术还涉及对安全相关数据的发现、获取、处理、存储、分析、利用。如以自动化的方式满足数据发现和获取的需求、以智能化的方式满足数据处理和分析的需求、以综合化的方式满足数据分析和利用的需求，以及建立配套的网络信息管理平台等。

5.3 军事信息安全保障体系建设

为确保军队信息化建设和作战的顺利进行，必须把握信息技术发展趋势，立足国情军情，努力构建技术先进、管理高效、平战结合、安全可靠的军事信息安全保障体系。体系建设，主要包括制定信息安全战略与策略、发展信息安全技术、建设信息安全保障力量、加强信息安全保障法规体系建设、完善信息安全基础设施、健全信息安全保障领导管理体制等。

5.3.1 制定信息安全战略与策略

军队信息安全战略是军队在一定历史时期内所作的全局性的信息安全谋划。信息安全策略是为实现信息安全战略而采取的措施。军队信息安全战略与策略涉及信息安全威胁、安全环境、需防护的关键信息与信息系统、安全管理与防护策略、信息系统内部的多级防护流程、应急响应组织与技术保障计划、最低限度安全需求等诸多问题，并针对性地给出科学、明确的统筹安排。

随着信息安全理论与技术的不断发展，人们已经从对安全产品的关注转移到对安全策略的关注。同样的安全产品，如果采用不同的安全策略，其功效可能大不相同。合理的安全策略可以起到安全倍增器的作用，不合理的安全策略可能会严重削弱系统的安全性。因此，必须认真研究分析世界各国的信息安全战略和策略，使信息化建设得到可靠的保障。

加强信息安全的战略与策略研究，总的目标就是要建立和完善适应信息化发展的信息安全保障体系，全面提高军事信息安全保障能力，按照"积极防御、综合治理、科学发展、掌握主动"的方针，提高对信息安全的管理、防范、控制能力，确保基础网络、重要信息系统和信息内容的安全，促进信息化建设健康、稳步发展，维护国家安全、社会稳定和公众的合法权益。

在具体操作中，"先建网、后防护""重建设、轻防护"的现象应予以禁止。信息系统建设部门应成立专门的信息安全设计审查机构，实施安全性一票否决制。新建系统应从规划开始，把信息安全保障及其相关安全策略考虑进去，实施安全性设计，从平台选择、组件研发、系统集成到交付使用每个环节，都要确保安全系统与系统总体同步建设、同步实施，使安全保障与系统固有功能融为一体，形成一个有机的整体。对业已建成的信息系统，应制定相应的信息安全策略，根据军事信息安全保障体系的规范和信息安全策略的要求，抓紧进行安全性升级，改造和实施信息安全工程，尽快提高信息系统的安全性。

5.3.2 发展信息安全技术

信息安全领域是一个永不停歇、没有国界、没有硝烟的战场，信息安全技术和产品就是这场战争中的武器装备，推广和使用正是其核心价值和本质所在。面对日益严峻的信息安全问题，世界各发达国家均通过国家立法、出台政策大力支持本国信息安全产品和产业，投入大量经费、人力、物力推广和应用信息安全技术产品，以此作为确保其信息安全处于世界领先水平的重要手段。

信息安全技术的理论核心之一是现代密码学，涉及密码编码与分析、安全协议、安全体系结构等关键技术，几乎所有安全产品均是以此为基础建立和衍生的。发达国家不仅在分组密码和序列密码设计和分析方面已经非常成熟，而且在加密算法的标准化方面做了大量的工作，构建了一套比较完善的信息安全技术标准。

在经济信息化、全球化和网络化的开放环境里，我国的信息安全形势必将愈发严峻，我们一方面应大力发展具有自主知识产权的信息安全技术产品，依靠自主创新，努力做到自主可控，实现我国重要信息安全系统技术和装备的国产化；另一方面要大力支持自主可控信息安全产品的推广和使用，不仅要在事关国家信息安全的要害部门推广和使用，更应在百姓的日常生活中大力推广和应用，尽可能取代国外的相关产品，在部分领域甚至应采取强制性措施，以确保我国家信息安全的关键信息不落入外敌之手。这样不仅可以为国家和人民的信息安全保驾护航，也能够为根本解决信息安全问题打下坚实的技术基础，提供完备的硬件设施。

不断发展信息安全技术，形成先进的技术防范体系，是构建信息安全保障体系的物质基础。由于信息安全技术是具有对抗性的敏感技术，真正先进的、核心的信息安全技术和产品是买不来的，因此，在技术相对落后的情况下，坚持自主创新、整体规划、重点突破、系统配套的原则，大力研究开发先进的信息安全技术与设备，并积极加以推广应用，显得尤为重要。

发展信息安全技术，一是必须抓好信息安全技术研发的规划管理。要根据信息安全面临的形势和任务，研究制定信息安全技术发展战略和研发计划。加强信息安全技术研究的组织领导，确定长远目标、阶段目标和初始切入点，保证足够的资金投入，大力推动信息安全技术的发展。二是必须突出重点。要重点研发能逐步改善信息安全状况的、带普遍性的关键技术，如密码技术、鉴别技术、病毒防御技术、入侵检测技术等；也要重视创新性强、可发挥杠杆作用的突破性技术，如信息监测技术、风险管理技术和测试评估技术等。同时，还要树立大系统观念，着力解决信息安全技术的瓶颈问题，实现技术与系统的综合集成。三是必须形成良性的信息安全技术研发机制。信息安全技术更新快，开发投入高，研发难度大，所有技术都靠一支力量研发是不现实的。因此，应坚持自主研究与使用研究相结合，科研、生产与应用相结合，形成符合实际的良性研发机制，走低投入、高效益的跨越式发展道路。对于通用的技术和设备，应主要依托国家信息安全产业研发力量，采用公开招标、军品订货等途径解决；对于急需而又必须引进的国外先进技术和产品，引进后必须进行安全检测认证并予以技术改造；对于专用的核心技术和装备，要组织专家，集中力量联合攻关，尽快实现技术突破，为信息安全保障奠定坚实的物质技术基础。

5.3.3 建设信息安全保障力量

高素质的人才队伍是信息安全保障体系的智力支撑，拥有一批优秀的信息安全人才是实现信息安全保障的关键。建设信息安全保障力量，要做到以下几点。一是要立足高起点培育和吸引人才。当前应重点培养和引进以下三类人才：既在信息安全理论和信息安全技术方面有很深造诣，又对世界军事信息发展的现状及趋势有较深了解的信息安全战略人才；既通晓相关信息安全法规制度，又有丰富实践经验的信息安全管理人才；既能熟练使用各种信息安全装备和设施，又能解决信息安全方面具体问题的信息安全技术人才。二是要努力拓展人才培养渠道。应把培养信息安全专业人才作为实施信息安全战略的重中之重，确立培养与发展目标，并纳入人才发展战略规划，按照满足需求、适度超前的原则，分层次、分阶段实施专业培训，培养一支"高、精、尖"信息安全专业人才队伍。一方面，要完善以院校为主渠道的人才培养机制。在相关院校建立培训基地，设立信息安全专业学科，为信息安全保障源源不断地培养、输送和储备专业人才。另一方面，要走信息安全人才融合培养之路。要利用国家教育资源直接培养信息安全人才，并借助社会办学机构培训信息安全人才，同时加强对外交流，使现有信息安全人才拓宽视野，增强素质。

应把信息安全保障队伍建设作为一项重要任务，培养精通信息安全防护的专业人才和掌握信息作战理论、熟悉信息攻防技术的复合型技术人才，提高信息安全保障体系的建设质量和水平，逐步建立起一支由国家与军队科研院所、院校和部队组成的信息安全保障队伍，组建信息安全保障管理和应急响应处置队伍，履行系统安全防护职责，完善信息安全保障体系。

具体而言，针对互联网舆论问题，需要通过组建专门队伍实施内容管制手段，加强互联网内容安全管理协调机制；针对病毒、黑客攻击等互联网安全事件，需要通过组建专门队伍，依靠应急响应机制与应急处理系统来进行处置；针对信息系统固有的脆弱性问题，需要通过信息安全测评人员和信息安全测评系统来加以防范；针对信息安全管理问题，需要组建相应的管理队伍，通过管理依据的研究与制定、管理手段的研究与应用来施加影响。总而言之，信息安全保障强烈依赖管理与技术方面的复合型专业人才。

5.3.4 加强信息安全保障法规体系建设

完备的法规体系是国家信息安全建设的前提和保障，健全的法规制度是信息安全保障体系的法制基础，也是依法进行信息安全管理的依据和前提。美国于1998年制定了《信息保障技术框架》，确定了包括网络与基础设施防御、区域边界防御、计算环境防御和支撑性基础设施在内的深度防御目标。2000年，美国发布了《保卫美国的计算机空间——保护信息系统的国家计划》，确定了计划的目标和范围，制定出联邦政府关键基础设施保护计划，以及私营部门、州和地方政府的关键基础设施保障框架。俄罗斯于1995年颁布了《联邦信息、信息化和信息保护法》。为提供高效益、高质量的信息保障创造条件，法规明确界定了信息资源开放和保密的范畴，提出了保护信息的法律责任。1997年，俄罗斯出台的《俄罗斯联邦国家安全构想》明确提出，保障国家安全应把保障经济安全放在第一位，而信息安全又是经济安全的重中之重。

随着国内信息技术的快速发展，我国也加快了国家信息安全立法保护的步伐，颁布了《中华人民共和国宪法》《中华人民共和国刑法》《中华人民共和国国家安全法》《中华人民共和国反不正当竞争法》《中华人民共和国保守国家秘密法》《中华人民共和国著作权法》《中华人民共和国专利法》等。针对信息安全领域的部分具体问题，制定了相关法规，如《全国人民代表大会常务委员会关于维护互联网安全的决定》《中华人民共和国电子签名法》《中华人民共和国计算机信息系统安全保护条例》《商用密码管理条例》等。

随着信息系统与计算机网络的迅速发展和广泛使用，安全保密工作面临新的、更为复杂的问题，主要表现在：信息保护区从单纯的传输信道扩展到信息处理、存储和网络系统；信息保护功能从单纯的防窃听扩展到防主动攻击；系统内信息从单一密级扩展到多个密级共存；网络环境下密钥管理走向全自动化；网络运行可控性成为信息安全保障的重要内容；密钥破译理论与破译手段不断进步，使安全保密面临着更加严峻的挑战。

应该注意到，传统的保密教育不能满足信息安全保障工作的需求，应该更新宣传教育内容，将重心转移到信息安全保障。应结合工作实际，不仅要加强安全保密宣传教育，更要加大信息安全保障相关法规制度的宣传力度，筑牢信息安全保障防线。因此，应该加快信息安全法规体系建设。要认真贯彻落实国家有关政策，制定信息安全保障体系建设的法规制度；制定关于信息安全保障风险评估、等级防护、监测预警等方面的法规标准；制定信息安全保障工作条例，规范安全保障工作内容和各级各部门职责，建立正规的信息安全保障工作秩序。

完善信息安全保障法规体系，首先，必须注重系统规范、科学使用。法规体系应具备以下几个特征：一是规范性，即全面体现和把握信息系统和信息安全的基本特点，一切需要及时规范的问题都应该尽可能给出确定的法律规范；二是兼容性，要与现行的法规体系保持良好的兼容性，使法规总体系变得更加科学和完整；三是可操作性，即从维护信息资源及其合理使用、维护信息正常流通、维护用户正当权益出发，制定出便于操作的科学法规体系。其次，必须突出技术标准体系建设。在信息安全技术标准方面，应把技术标准体系建设作为信息安全保障研究的一项重点工程，完善以信息系统安全为重点的系列化技术标准，逐步实现信息安全产品生产、系统建设和监测评估的标准化、规范化。最后,要健全配套的制约、奖惩和监督检查制度,确保按标准进行建设,以法规进行管理,提高信息安全保障工作的法制化、规范化水平。

5.3.5 完善信息安全基础设施

信息安全基础设施是构筑信息安全保障体系的根基。信息安全的有效保障,根本在于提高信息安全基础设施的完备程度。具体而言,应重点抓好以下三个方面的工作。

1. 完善信息安全监管体系

持续的集中管理和监控是保证整个信息系统安全的基础。信息系统中的信息和程序、系统、网络及其操作、处理与保护活动中所涉及的人员均需要得到有效的安全监管。相关的程序、系统、网络和人员均有其固有的脆弱性,威胁利用脆弱性的途径多种多样,因此,信息安全风险始终存在,需要从系统全局的角度进行完善的监测和管理。信息安全风险是动态变化的,信息安全保障需要覆盖整个生命周期。因此,必须持续进行风险评估,时刻监控信息安全风险的变化,这是信息安全保障的一项基础性工作。变化的风险为系统提供新的安全需求,也是安全决策的重要依据。只有加强内部风险和攻击事件的监测,形成持续改进的信息安全保障能力,才能有效保障信息安全。以风险管理为基础的信息安全监管工作包括安全漏洞和隐患的消除和控制,保持有效事件管理与应急响应机制,实现强大的信息系统灾难恢复能力。应综合运用技术和管理手段,对各类网络和信息系统的运行进行经常性的巡逻、搜索、检测,预防可能出现的安全问题,帮助解决存在的安全隐患,对黑客和病毒入侵及时进行有效的治理,提高信息系统的隐患发现能力和风险抵御能力。

2. 完善信息安全测评认证体系

"安全是红线",安全质量标准是信息系统建设质量体系的有机组成部分。

对信息系统进行安全测评是对信息系统建设质量进行评价的必要环节。进行信息安全测评认证，就是要贯彻国家有关标准规范，保证在规划、设计、建设、运行维护和退役等不同阶段的信息系统满足统一、可靠的安全质量要求。建立和完善军队信息安全测评认证制度和实施体系具有十分现实的意义。首先，为建立和实施有关信息化系统和信息化装备技术管理，以及信息系统运行控制制度等方面的决策，提供科学公正的技术依据。其次，为采购信息安全产品，设计、建设、使用和管理安全的信息系统提供权威公正的专业指导。最后，对信息安全装备和系统的研发生产单位，以及提供信息安全管理和服务的部门，进行严格规范与科学引导。

3. 完善应急处理体系

信息安全应急处理是信息安全保障工作的基本制度和重要措施，有利于各部门、各领域实现信息交流与共享，综合分析安全威胁和安全状况，做好信息安全预警和防范工作，提升对信息安全事件的快速反应和整体应对能力，保证应对措施的及时性和有效性；有利于调动和整合各领域的相关资源，迅速、全面掌握整体情况，及时做出决策部署；有利于各单位增强安全防范意识，共同参与信息安全保障工作。

应急处理体系包括组织机构、标准法规、支撑系统和运行能力四个方面。组织机构是负责信息基础设施安全应急处理与通报工作的主体；标准法规是实施信息基础设施安全应急处理与通报工作的行为准则和技术标准；支撑系统是支持信息基础设施安全应急处理与通报工作实施的技术手段；运行能力是组织机构按照标准法规、利用支撑系统处置信息基础设施安全应急事件的能力。

信息安全应急处理体系通过及时、全面地收集、汇总各方面的网络与信息安全信息，经过综合研判分析，提出对策、建议并及时通报基础信息网络和重要信息系统，为事件发生单位提供对策和技术支持，为其他单位提供预警信息，从而有针对性地制定和实施安全防范措施，增强网络与信息安全防范、保障能力，确保基础信息网络和重要信息系统的安全。

5.3.6 健全信息安全保障领导管理体制

信息安全保障领导管理体制，是信息安全保障的组织系统、机构设置、职能划分和相互关系的统称。信息安全的组织与管理，是实现信息安全的基本保障。构筑信息安全保障体系，必须强化信息安全保障领导管理体制建设，并在高效运行的领导管理体制下开展信息安全管理活动。

信息安全保障工作，涉及信息化建设的各个领域，是一项政策性、技术性极强的系统工程。首先通过明确职能部门职责，加强对信息安全保障工作的统一领导，成立专门的信息安全保障组织机构，设立专职的信息安全保障管理岗位，明确责权任务，奠定信息安全保障管理体系的基础。

军事信息安全保障领导管理体制可分为高、中、低三个层次。一是高层领导管理机构，主要职能有：提出信息安全重大决策，制定信息安全政策、法规，拟制信息安全规划，对面临的重大信息安全事件提出决断建议。同时，在中央网络安全和信息化委员会领导下，建立针对风险管理、入侵检测等的信息安全监管体系、信息安全测评认证体系、安全事件应急处理体系，统一协调指导信息安全技术的研发和应用。二是中层信息安全机构，主要职能是对所属的信息安全保障单位进行行政管理和技术服务，协调所属单位之间有关军事信息安全保障的问题。三是基层信息安全机构，负责具体执行军事信息安全保障的有关方针政策、规定和要求，制定有关的落实措施。

5.4 信息安全保障的发展趋势

近几年来，国际网络空间安全领域风云涌动，各国政府、军队、相关企业成为该领域博弈对抗的主角，围绕着信息的获取、使用和控制的斗争日益激烈。随着新一代信息技术与经济、社会各领域深度融合，信息安全形势日益严峻，信息安全技术在维护国家安全、支撑产业转型、服务社会发展、保护公众利益等方面的重要作用愈加凸显,而信息安全保障也在发展中呈现出一些新特点和新趋势。

5.4.1 新技术带来新风险、提出新需求

新技术融合带来新的安全风险,对信息安全保障体系建设提出新需求。人工智能、区块链、量子信息技术对信息安全的两面性影响随着技术的发展呈现出新的特点,5G、物联网、云计算、大数据等技术应用在为人类社会带来新一轮科技革命和产业变革的同时,其中蕴涵的信息安全风险也对传统信息安全保障体系提出了新的挑战。比如在"云计算时代",主机概念被弱化,服务概念被强化,传统以威胁为中心的防御将转向以业务为中心的安全治理;量子计算能力接近经典模拟极限,对传统加密手段威胁加剧;5G商用提速扩大网络攻击覆盖面,提升了基于流量检测、内容识别等技术的安全防护难度;物联网遭受网络攻击情况持续恶化,如何确保物联网的安全成为信息安全保障体系建设关注的新内容;等等。

5.4.2 规模升级,向人工智能发展

国家级网络攻击愈演愈烈,网络攻防对抗向人工智能方向发展演化。信息安全事关政治安全,直接威胁国家安全。网上渗透、破坏和颠覆的博弈日益尖锐复杂,地缘政治背景下的国家网络空间冲突将愈演愈烈,以黑客攻击、窃取敏感数据、破坏关键基础设施为目的的国家级持续性威胁活动将会更加频繁和活跃。同时,随着AI技术的普及应用,攻击方可以更快、更准地发现漏洞,从而产生更难以检测识别的恶意代码,而防守方需要提升网络安全检测、防御及自动化响应能力。信息安全将从现阶段的人与人对抗、人机对抗逐渐向基于AI的攻防对抗发展演化。

5.4.3 体系化建设、产业化发展

相关法律条例出台推动信息安全保障体系建设,促进自主可控产业发展。

《网络安全审查办法》和《贯彻落实网络安全等级保护制度和关键信息基础设施安全保护制度的指导意见》明确了关键基础设施的保护要求和工作要求。《网络安全等级保护条例》和《关键信息基础设施安全保护条例》的出台，将信息安全保障体系建设相关的一系列制度要素进一步细化。在新的复杂的国际经济、政治、科技形势下，构建自主的IT底层架构和标准，形成可控的IT供应链，成为信息安全保障体系建设的重中之重。在国家、地方性政策不断牵引下，信创产业将带动从IT底层的基础软硬件到上层的应用软件全产业链的安全与自主可控。

信息安全是信息化建设的必然要求，直接关系信息化建设的水平和未来信息化战争的成败。信息安全保障工作，是一项长期而艰巨的任务，随着信息化建设的深入，新情况、新问题仍将不断涌现，需要在今后的工作中继续努力实践、积极探索，进一步摸清特点规律，确保信息安全保障与信息化建设的协调发展。

• 知识延伸

— 影响信息安全保障体系建设的信息安全新技术方向 —

《中国工程科技2035发展战略》筛选了信息与电子领域中关系全局和长远发展的战略领域及优先方向，网络空间安全技术是其中重要的子领域，主要技术方向包括：大规模网络攻击的机理和过程分析技术、网络虚拟身份管理技术、新一代密码技术、新材料环境下的网络传输安全防御技术等。

信息安全新技术发展方向是对信息安全保障体系建设产生重要影响的关键因素，结合未来技术发展趋势，以下列举了部分代表性的新技术：

（1）网络攻击追踪溯源技术。追踪攻击源的溯源技术针对攻击者的背景、目的、来源以及行为方式进行研究，详细分析网络攻击什么时候发生，为什么发生，攻击将达到什么效果，同时对整个攻击路径进行溯源、对攻击源进行画像等，以威慑潜在的网络攻击者。未来结合网络安全数据的积累，将能够通过自动化分析实现更高成熟度的网络攻击溯源。

（2）面向人工智能应用的网络安全技术。人工智能在网络防护、信息审查、智能安防以及舆情监测等方面拥有广阔的应用前景。通过与专家合作，人工智能平台的网络攻击检测率达85%，准确率提高了2.92倍。人工智能算法可以发现超出正常模式的不正常网络行为，并以此识别可疑用户，这将为广大企业赋能，为远程办公、协同办公等应用提供有效防护。在此过程中，人工智能技术必须能够更适应网络安全防护的复杂困难场景，进一步提升技术应用的可行性和可操作性。

（3）大数据威胁情报分析技术。大数据分析包括大数据采集、预处理、存储和管理、分析和挖掘、可视化呈现等一整套技术。基于大数据的威胁情报分析技术通过结合威胁情报和攻击事件信息进行大数据挖掘分析，能够更好地采集、存储海量威胁情报信息，对威胁情报进行各种汇聚关联并进行综合分析，洞悉网络安全态势，应对新型复杂的威胁及未知多变的风险。

（4）云环境下的数据安全技术。数据中心承载着所有业务实现过程中数据的存储、计算和处理，云安全已经成为数据安全防护的主战场。但随着混合云、私有云的发展，云边界、云上资产的应用，虚拟化放大了传统信息系统环境下安全域的规模，增加了网络安全防护难度和强度。目前有潜力的技术方向包括零信任策略、联邦学习、隐私计算等，在数据安全合规愈发严格的情况下，新的技术方向能够为各方协同应用提供保障，释放数据价值，为网络用户提供更多创新应用。

（5）信息内容理解和研判技术。传统的文本过滤技术已经不能适应新安全要求，大数据技术辅助网络挖掘和机器学习，可执行广度的自动化分析和舆情信息快速挖掘，通过采集、过滤、记录网络上所有的网络数据报文，实时监测网络上的流量信息，发现可疑的内容和目标，并对可疑内容和目标进行记录、报警和阻断。信息内容理解和研判技术将为识别网络虚假信息、维护数字知识产权、打击网络犯罪行为提供重要的技术手段，促进更多高质量的网络内容传播和推广，营造风朗气清的网络空间。

（6）网络安全主动防御技术。以动态化、实时化、主动化为特点的网络安全防御是解决网络系统中未知威胁与入侵攻击的新途径，在动态的网络安全技术体系架构中，可根据全局网络安全状态、实战化安全运维要求等，构建主动防御模式，应对已知攻击、未知风险。数据挖掘分析中，溯源定位、策略动态下发、事件自动化响应处置显得尤为重要，主动防御以高效率、弹性资源利用等优势，成为网络安全防御技术研究领域的重点方向。

（7）可信计算技术。可信计算基于芯片的硬件安全机制，主动检测和抵御可能的攻击。相对于传统的杀毒软件、防火墙等被动防御方式，可信计算不仅可以在攻击发生后进行报警和查杀，还可以在攻击发生之前就进行主动防御，能够更系统、更全面地抵御恶意攻击。完善可信计算产品体系，从技术、标准、产业链等方面全力推动，建立网络空间免疫生态体系。

（8）工业控制系统的安全防护技术。工业控制系统的网络安全防护与互联网有很大区别，很多联网工业设备设计之初未考虑网络安全设计，而工业生产的可靠性、连续性要求较高，导致针对特定工业控制设备的定期更新升级常常很困难。随着工业互联网加快应用，未来主要的技术发展方向有：威胁情报通过构建攻击知识库，针对网络威胁的响应更快；态势感知技术面向运营技术，对各种工业控制数据进行全面深入的安全智能分析；纵深防御通过设置多层重叠的安全防护系统，加强整体安全能力。

参考文献

[1] 薛国安. 驾驭信息化战争 [M]. 北京：解放军出版社，2007.

[2] 雅各布森. 网络安全基础：网络攻防、协议与安全 [M]. 仰礼友，赵红宇，译. 北京：电子工业出版社，2016.

[3] 麦克卢尔，斯卡姆布智，库尔茨. 黑客大曝光：网络安全机密与解决方案：第6版 [M]. 钟向群，译. 北京：清华大学出版社，2010.

[4] 理查德·A. 克拉克，罗伯特·K. 科奈克. 网络战：国家安全的新威胁及应对之策 [M]. 吕晶华，译. 北京：军事科学出版社，2010.

[5] 张显龙. 全球视野下的中国信息安全战略 [M]. 北京：清华大学出版社，2013.

[6] 郭若冰. 军事信息安全论 [M]. 北京：国防大学出版社，2013.

[7] 薛丽敏，陆幼丽，罗隽，等. 信息安全理论与技术 [M]. 北京：国防工业出版社，2014.

[8] 张应二，曹二刚. 网络心理战 [M]. 北京：国防大学出版社，2007.

[9] 鲁杰. 美军心理战经典故事：现代心理实战100例 [M]. 北京：团结出版社，2004.

[10] 苏璞睿，应凌云，杨轶. 软件安全分析与应用 [M]. 北京：清华大学出版社，2017.

［11］ 杜文亮．计算机安全导论：深度实践［M］．北京：高等教育出版社，2020．

［12］ 斯科尔斯基，哈尼克．恶意代码分析实战［M］．诸葛建伟，姜辉，张光凯，译．北京：电子工业出版社，2014．

［13］ 查克·伊斯特姆．计算机安全导论：第4版［M］．高敏芬，贾春福，钟安鸣，等译．北京：机械工业出版社，2020．

［14］ 威廉·斯托林斯，劳里·布朗．计算机安全：原理与实践［M］．贾春福，刘春波，高敏芬，等译．北京：机械工业出版社，2008．

［15］ 罗森林，高平，苏京霞，等．信息系统与安全对抗（实践篇）：第2版［M］．北京：高等教育出版社，2016．

［16］ 杨黎斌，戴航，蔡晓妍．网络信息内容安全［M］．北京：清华大学出版社，2017．

［17］ 理查德·A. 克拉克，罗伯特·K. 科奈克．网电空间战：美国总统安全顾问：战争就在你身边［M］．刘晓雪，陈茂贤，李博恺，等译．北京：国防工业出版社，2012．

［18］ 杨中汉，温世峰．现代信息战［M］．北京：星球地图出版社，2009．

［19］ 马林立．外军网电空间战：现状与发展［M］．北京：国防工业出版社，2012．

［20］ 东鸟．2020，世界网络大战［M］．长沙：湖南人民出版社，2011．

［21］ 杨义先，钮心忻．安全简史：从隐私保护到量子密码［M］．北京：电子工业出版社，2017．

［22］ 刘建伟．网络空间安全导论［M］．北京：清华大学出版社，2020．

［23］ 海德纳吉．社会工程：安全体系中的人性漏洞［M］．陆道宏，杜娟，邱璟，译．北京：人民邮电出版社，2013．

［24］ 亚当·斯塔克．威胁建模：设计和交付更安全的软件［M］．江常青，班晓芳，梁杰，等译．北京：机械工业出版社，2015．

［25］ 拉塞尔．社交网站的数据挖掘与分析：第2版［M］．苏统华，魏通，

赵逸雪，等译. 北京：机械工业出版社，2015.

[26] 吴明曦. 智能化战争：AI 军事畅想［M］. 北京：国防工业出版社，2020.

[27] 郭文忠，董晨，张浩，等. 网络空间安全概论［M］. 北京：清华大学出版社，2023.

[28] 郭帆. 网络攻防技术与实战：深入理解信息安全防护体系：第 2 版［M］. 北京：清华大学出版社，2024.

[29] 瓦伦蒂娜·科斯塔-加斯孔. ATT&CK 与威胁猎杀实战［M］. 姚领田，孔增强，曾宪伟，等译. 北京：机械工业出版社，2022.

[30] 索马·哈尔德，斯楠·奥兹德米尔. 网络安全之机器学习［M］. 马金鑫，张利，张江霄，译. 北京：机械工业出版社，2021.

[31] 郭海，张玲，叶星，等. 美军网络空间作战概念及战略法规体系研析［M］. 北京：电子工业出版社，2023.

[32] 祝世雄，龚汉卿，霍家佳，等. 全球主要国家网络作战力量建设研究［M］. 北京：电子工业出版社，2022.

[33] 吕久明，路建功，徐慧娟，等. 认知域作战理论及实战案例解析［M］. 北京：中国宇航出版社，2023.

[34] 国家信息技术安全研究中心. 美国奥巴马政府网络安全新举措［J］. 信息网络安全，2009(8)：11-15.

[35] 战晓苏. 务实推进信息安全保障体系建设［J］. 信息安全与通信保密，2013(5)：9-11，14.

[36] 沈昌祥. 云计算安全与等级保护［J］. 信息安全与通信保密，2012(1)：16-17.

[37] 中华人民共和国国家质量监督检验检疫总局. 信息安全技术 信息系统等级保护安全设计技术要求：GB/T 25070—2010［S］. 北京：中国标准出版社，2010.

[38] 中国人民解放军总装备部. 信息安全保障体系框架：GJB 7250—2011

[S]. 北京：中国标准出版社, 2011.

[39] 信息产业部电子科学技术情报研究所. 2030 年前战略威慑装备发展启示研究 [R]. 2009.

[40] 美国总统办公室. 网络空间安全政策评估 [R]. 2009.

[41] 美国国家科学技术委员会. 联邦网络空间安全与信息保障的研究发展联邦计划 [R]. 2006.

[42] 美国国防部. 联合信息作战条令：JP3 – 13 [A]. 2006.

[43] 美国国防部. 信息保障战略计划框架 V1.1 [A]. 2004.

[44] SZOR P. The art of computer virus research and defense [M] Boston: Addison-Wesley Professional, 2005.

[45] Chairman of the Joint Chiefs of Staff. The national militrary strategy for cyberspace operations [R]. 2006.